東京・練馬発

「対話的研究会」の試み

「対話的研究会」世話人
暉峻淑子
編著

日本評論社

「対話的研究会」の試み

「戦争の反対語は平和ではなく対話です」。

対話的研究会の世話人の一人である暉峻淑子さんの著書『対話する社会へ』の帯にはこう書かれています。

対話こそが、人間社会を平和で豊かなものにすることができるという本質を端的に表した言葉です。

さてその「対話」をキーワードに東京都練馬の地で、規模は決して大きくはないのですが、さまざまな希望を抱いた方々が集い、歩み続けているコミュニティがあります。それが「対話的研究会」です。

本書は「対話的研究会」の方々によって編まれました。

「対話的研究会」はさまざまな職業、年齢の方々が性別を問わず集い、そしてそれぞれの方の意思を大切にしながら、生活、社会、政治などにかかわるテーマを持ち寄り、自由に語り合うことを基本として、二〇一〇年から今日まで毎月一回以上、のべ一四二回の会合を重ねてきました（二〇二三年一一月二日現在）。

本書の中で暉峻さんは「対話こそが、本源的な言葉なのです」と語りかけます。「対話的研究会」の営みは、コミュニティを作り上げていく人間的で豊かな感性の大切さを教えてくれるはずです。

また本書にちりばめられた「対話的研究会」の方々の言葉から「民主主義社会の実現」のためのヒントを得ていただけるかもしれません。

本書を手にした方に「対話」の無限の可能性を感じ取っていただき、皆さんの手による新しい「対話的研究会」の試みが生まれるきっかけになれば、幸いです。

そのことを願って、本書をお届けいたします。

もくじ

「対話的研究会」の様子
2023年11月２日、練馬区勤労福祉会館
（野沢昭夫撮影）

第1章

駅の数ほど、バス停の数ほど、対話の場を

第1章　駅の数ほど、バス停の数ほど、対話の場を

——暉峻 淑子

●対話的研究会を始めて

毎月、毎月、対話的研究会の集まりを続けてもう一五年？　ここまで長く続いていることが不思議です。けれどもその一方では、それが当たり前かな、という気もしています。

社会的な問題について語り合う場所が欲しい。趣味の会や講演会、健康増進の講習会なら、数々あるけれど、政治・経済や社会について、せめて新聞の記事になっている程度の問題については、自分なりに納得したい。身近にいる人と「こういう記事があったけど、どういう意味なのかな？」と他の人の意見も聞いたり、自分の考えを話したり……。

●子どもの教育は今でも盛りだくさんすぎて消化不良だけど、これからもどこまで盛りだくさんになるのかしら？　子どもの遊ぶ時間はなくてもいいの？　みんな塾に行かなければいけないの？

●神宮外苑の緑をつぶして千本の木を伐採し、高さ二〇〇メートルのビルやホテルができることがどうしていいの？

●外環や大深度地下の道路は私たちの生活に本当に必要？　ただ、ＮＥＸＣＯ（日本高速道路株式会社）やゼネコンに仕事を与えているだけじゃない？

●これから物価は？　年金のゆくえは？　老人ホームはいくらかかる？　退職後の貯金はいくら必要？　非正規労働の人は貯められないよね。旧統一教会問題は結局どうなったの？

●これから日本は戦争する国になる？

など、知りたいことは山ほどあるのに、でも、普通の集まりでそんなことを口にすると浮いてしまい、特異な目で見られる。なぜ社会問題を話題にしてはいけないのかわからない。初歩的な質問も遠慮なくできて、話し合いができる場所を、身近な地域で一緒に持てたら——本当にそうね。ということで、自然にできたのが、対話的研究会でした。

日本人は、「民主主義国」の中では「異常」と言われるほど政治・社会問題音痴になる教育を受けています。社会のことは知らなくていい。それは一握りの人。エリートが決めること。

人生にはいろいろなことが起きます。でもそれに対処するのは、自己責任で、というのが日本という国です。子どもが学校で成績が悪いのは、子どもと親の責任。一生を無事に過ごすには数千万円の貯金をしなさい。病気やけがをしても、保険料のほかに、政府が三割負担、二割負担と閣議や国会で決めてしまったら、一夜でそうなる。政府が政権を握り続けるためにバラマキをしてたその財政赤字を埋めるのに、どこまで消費税が上がる？　消費税が嫌なら代わりに国債が超増発され、インフレのお返しが来る。軍事費をいきなり四三兆円と決められたら社会保障費や学術研究費が削られるのは当たり前の事実になる。納税者の私たちは、それをどうすることもできないのか。戦争しないためにこそ、お金を使ってほしいのに――。

社会音痴の国民もそれではいけないと気がついて、社会のことをもっと知らなくては、と思うようになりました。私たちは、権力者に自分の人生を操られたまま、ミサイルが飛び交う中で死んでいくことになるかもしれない。私たちが本当に生きたい人生とはどんな人生だったのか。人間社会の正義とは？　人権とは？　福祉とは？　子どもたちのためにどんな社会を残したいか？……、インフレが、ひたひたと目の前に押し寄せてくる現実を財布の中身と見比べないわけにはいかない。それはイデオロギーの問題ではなく目の前に存在しているものを見る勇気があるかないかの問題です。対話的研究会では、見えるものは見て、その意味を考えようとしています。ただ目先の忙しさに気を取られて人生を終えるのは残念です。

今はさまざまな生産物やサービスがあふれていて、これ以上、消費者は何がほしいのか、どんな商売をしたらいいのかわからないと言われています。でも、何歳になっても「社会問題を勉強する会」とか、「対話する会」という需要に対しては、供給が足りません。それに対応して、できた会だから続いているのは当たり前かも、と思います。

●遊園地を作る運動で私が得たもの

埼玉県との地境の、練馬大根以外にない、文化果つるところ（私が練馬区の大泉に引っ越してきた時、友人が言った言葉）に移り住んで五〇年あまり。まだ田んぼに蛙の鳴く声が聞こえる半田舎でした。練馬区の区議会の議員は農地の地主、農協の役員、商店会の顔役、労働組合の人などで、地下鉄丸ノ内線の開通とともに新しく移住してきた新市民とはちょっと雰囲気の違う二重の生活圏が、当時の練馬区には重なり合っていました。

私の住む石神井《しゃくじい》、大泉地区は、地価がまだそれほど高くなく、子どもを育てるのに、ほどほどの便利さと環境があって、長期の住宅ローンを組み、やっと自分の家をもったという若いカップル移住者が多いところでした。それだけに、これから長く安住できるような住環境にしたいという市民意識があり、小さな市民グループを作りやすい環境でもありました。駅から歩いて一〇分のところに東映撮影所があり、当時しばしば社屋内で火災を起こしていたので、消防車のサイレンのたびに不安を掻きたてられ、危機感をもっていた周りの住民が、まとまって、撮影所に安全に留意するよう、苦情を申し入れたこともありました。

その中で、私たちが「今でなければ、できない」と積極的に取り組んだのは、道路で遊んでいた子どもの一人が交通事故にあって大けがをした、という事件をきっかけに、子どもの遊び場である遊園地を、小さくてもいいから，何か所か作ってほしいという住民運動でした。周りはまだ農家が残っているので、景色としては緑が多く、子どもが遊ぶところはありそうなのですが、それらはみな私有地で作物を作っている場所ですから、みだりに立ち入ったり、踏みつぶしたりはできません。溝や肥料溜めがあり、危ないところもあります。立ち入り禁止の柵やフェンスがあるわけではないので、自由なようで、逆に危ないのです。今のうちに子どもが遊べる安全な遊園地や公園を練馬区に作ってほしいという話が若いお母さんたちから出されました。ぐずぐずしていると、空き地がなくなり、地価が高騰してからでは練馬区の予算がないということで実現できなくなる――と考えた若い親たちが、陳情の方法を話し合いました。私も長男を負ぶって、その運動に参加しました。

当時は道路もまだ私有地の私道だったので、それを区道として整備してもらうことも、喫緊の課題でした。

驚いたのは区議会に陳情すると、自分よりも先に他の議員に陳情に行ったからけしからん。自分は賛成しない、という議員が多数いたことです。ある議員が遊園地の設備のための資材を配備すると、反対の議員がそれを翌日、撤去してしまうという騒動も何回かありました。しかし、今思うと目の前にそれらのプラス・マイナスが田舎芝居さながらに展開された時代は、区議さんの顔も覚えやすく、市民運動が何をすればいいかが目に見えていて、今よりはましな社会を作ろうとする情熱を持ちやすかった時代でもありました。

今も忘れられないエピソードがあります。子どもの遊園地を作るためには、畑を練馬区に売ってもいいという地主を探す必要がありました。区議会に陳情に行くと「子どものための遊び場を作るのはいいですよ。だけど誰が土地を売ってくれると思いますか？　そんな地主がいたら、いつでも遊園地を作りますよ」と言う。遊園地を作るためには、一定の土地の広さが、法律上、必要だということもわかりました。ところが地価が上がっていくことは目に見えていたので、地主は誰も手を挙げてくれません。ある地主が手を挙げてくれても、途中で心変わりして、いざ契約の時になると、拒絶されることが何度もありました。

もう遊園地運動はやめよう、という住人が出てきた時、いつもはおとなしく口数の少ない、おっとりした母親が、自分が法務局の事務所に行って空き地の地主を調べてくる、と言うのです。びっくりしましたが、その女性が調べてくれた結果、ある無名の女優さんがもっている空き地が近くにあるということがわかりました。そういう人だったら、案外売ってくれるのではないかというので、女優さんに電話をしてみました。まんざらではないようなので、面談する日を決めようとしたところ、「自分の仕事は決まった日、というものがない。仕事がない日が決まったら知らせるから」ということでした。知らせを待っていると、明日は暴風雨の嵐が来る、という天気予報があった日に、「明日は仕事がないから、会いましょう」と言うのです。しかし、遊園地運動をしている若い親は、みな、子どもが幼く、赤ちゃんもいて、嵐の日に幼い子ども連れでその女優さんのアパートに行ける人はいないだろうと思いました。でも提案された日を断ったら？　また女優さんは心変わりするかもしれない。私は決心して長男を負ぶって一人で行くことにしました。大嵐の日で、子どもを厳重に毛布でくるみ頭にはビニールで覆った帽子をかぶせて、私は玄関を出たのです。それから一〇〇メートルほど暴風雨をしのぎながら歩いていたところ、後ろから、「てるおかさーん」と呼ぶ声がします。振り向くと隣の家の若いお母さんでした。「こんな日に出かけるなんて。……あなたの姿が窓越しにちらりと見えたの。きっと遊園地の土地のことに違いないと直感したので、それなら私も行く」と言って私の長男よりももっと幼い息子さんを負ぶって追いかけてきてくれたのでした。二人は、電車も動いていない線路伝いに、暴風雨にさらされながら、西武線の駅をいくつか越えて、歩きに歩き、その女優さんのアパートにたどり着きました。びしょぬれの私たち二人を見た、その女優さんは絶句して、私たちを迎え入れ、背中から降ろした子どもをバスタオルで拭って、「そこまでして作りたい遊園地だったら、私も世の中のためになりたいから、投資のために買っておいた土地なので、土地を売ってもいい」と言ってくれたのです。それが、現在の「東映前児童遊園」です。若かった私は、法務局まで行ってくれた「鈍いお母さん」というあだ名の女性と、隣家の察しがよくて行動的な母親と、ついに名を知られることのなかった東映の無名の女優さんに、心から感謝し、生活という共通の土壌に根差した市民運動には、必ず志を同じくする人がいて、目的を達成できる、と信じました。今もそう信じています。

●対話的研究会のはじまり

時代は移り、二〇〇〇年に地方分権一括法が施行されました。これまで、区役所に問題を持ち込んでも、「それはＸＸ省に聞いてみなくては」という門前払いが多かったまちづくりが、住民と地方自治体の合意で決めることができるようになったのです。——しかもその次の年は区長選挙の年です。私たちは、時来たれり！　と喜びました。そして、さっそく、まちづくりを決める法的手順を勉強するための勉強会をもつことにしました。地方自治基本条例を専門にする早稲田大学のＫ教授を招いたのですが、私たちが住民参加の方法を聞いているのに、講演の中身は期待外れの話で、がっかりしました。

その講演会のあと、参加していた顔なじみの人たちが寄り合って、こうなったら他人を当てにせず、自分たちで本を読んで勉強し、議会の有志議員と一緒に、動き出すほかはない、ということになりました。たまたま区長選の前年だったので、周りでは、いくつかの市民運動のグループが共同の統一区長候補を立てようという話で会合をもっており、私たちの研究会もわずか一〇人ではありましたが（今は三八人）周りの気運にも刺激されて、会の発足はトントン拍子に進められていったのです。ともかく口コミで関心がある人が集まろう、ということで、それが対話的研究会の実際のはじまりになりました。

研究会には、もう一つの裏話があります。市民が立てようとした統一区長候補を誰にするかの話し合いには、いろいろなグループの代表が集まりましたが、困難を極めました。労働組合の人もいるし、政党の人もいる。市民運動のグループもいるし市民派の大学教授も、町会のボスもいます。話はまったくかみ合わず、対立して、個人攻撃になり、自分をひけらかす満足感のために来ている人もいるので、これではとても駄目だと私は観念しました。日ごろから対話的に話し合う習慣をもっていない人は自己主張だけでイエスかノーかしかない。日ごろの積み上げがなくて、統一候補などできるわけがないことを痛切に感じました。各グループから一人ずつでも対話的に話し合える人が出席していれば、雰囲気は違ったかもしれません。日ごろの対話的積み上げの大切さを痛感させられた経験でした。結局、統一候補の運動は分裂して、後味の悪さだけが残ったのですが、はじめから、それぞれ腹に一物ある野心的な初対面の人たちが集まっているのを見て、うまくいかないのでは、と心配していた私は、この教訓をこれからに活かすことが、民主主義の良さだと思いなおしました。

●会則もなく自由で遠慮のない会

私たちの会は、会則だの、会の名前を決めることなどに、エネルギーを使わないで、まず行動をしてみて、その経験から必要なことを一つずつ決めていくことにしようということになりました。それでも名前だけはないと、「なんという会？」と聞かれた時に困る、というので、当時民主党が宣伝していた「新しい公共」という考えに共鳴していた人が「『公共研究会』という名前はどう？」と提案し、すんなりと決まりました。しかし、政治の世界では公共の意味がどんどん変わり、私たちの会とは違う方向に行ったので、研究会のたびに、何回か話し合った結果「対話的研究会」という名前に変えました。そして、会則はなしにして、出入り自由な、来たい人が自由に来る会にしよう、問題が起きたら、その都度、参加者が相談して決める。集会の部屋の部屋代として、当日参加した人は、一〇〇円を置いていく。外部の講師を招くことはやめて、参加者が順番に、それぞれ自分の関心がある問題を新聞記事や図書館などで勉強し、スピーカーとなって報告する。報告時間は一時間。そのあと参加者で、報告された問題を対話的に討論し合い、勉強する。司会は毎回、持ち回りで順番に全員がやる、ということが、定着して今日に至っています。その時決めた毎月第一木曜日の夜を定期的な集まりにすることは、今も変わっていません。年に一度か二度は外部の専門家に来てもらい、その時々の重要なテーマを話してもらうことで外からの風通しを良くしています。

　地域の顔なじみの仲間でやる勉強会は、学生時代にゼミでやったような、あるいは生徒会のクラブ活動の話し合いのような、自由で遠慮のないのびのびとした雰囲気です。まったく初歩的な質問も臆せずにできるし、会員同士が、また外でつながりあって、読書会に参加したり、デモに参加したり、都心の講演会で話を聞いたり、ある個人の家に集まって、フードバンクの手伝いをしたり、志を同じくする議員の選挙の手伝いをしたりもしているようです。集まっている参加者が雑多で、さまざまな経験をもっているところが物珍しくもあり、いい人たちとの、楽しい出会いです。保育園の保育士さん、介護事業のヘルパーさん、デイケアセンターの施設長、趣味の織物工房を始めた人、太極拳の師範、コールセンターの相談員、ナチュラリスト、ジャーナリスト、大学教授、政治家、区議会議員、有名企業のサラリーマン、翻訳家、弁護士、弁理士、図書館の司書、障碍者施設の指導員、編集者、社会福祉士、著述家、無職、主婦、市民運動家、定年退職後の人……とさまざまな人が、まず自分の納得のために勉強しようという意欲を持ち、自分が生きている社会をよりよくできたらと（今は、より悪くなるスピードが速いので、より悪くならないようにと）、社会の問題に真摯に向き合っています。自分を飾る必要もなく、それぞれが自分の言葉で生活経験の中から考えていることを報告し合っています。その話を聞いていると、さまざまな人生をもっている人たちが何を考えているのか、私の知らなかったこともたくさんあります。それぞれの人たちの報告は、それぞれの人生の自己紹介でもあるのです。初めは報告者になることに慣れない人たちが、尻込みしていましたが、素人の仲間がスピーカーとして堂々と話しているのを見て、自分にもできるかも、と思うようになったとかで、滑り出してみたら問題なく、全員がそれぞれのテーマで報告をしています。

「この研究会に来て、何かいいことがありますか?」と質問してみました。すると、自分が知らなかったことを、たくさん聞くことができて、よかった。他の人は何を考えどんな暮らしをしているんだろう、と日ごろ思っていたことが、わかって面白かった。という人が多数いました。時々、新聞記者が来て、新聞記事になることもあり、新しい人が入会してくることもあります。対話的研究会の難しいところは、あんまり人が多くなると、ゆっくり対話ができない。それでも新しい人が入ってきてくれることは、新風が吹き込むので、歓迎したい、という板挟みになることです。その二つを解決するには、あちこちに小さな、対話できる場が、駅の数ほどできることだと思います。

「スモール　イズ　ビューティフル」と言ったのは、エルンスト・シューマッハですが、小さくなくてはできないことがあるのです。小さくても、遅くても、確実に、ということほど、今、大切なことはないのではないでしょうか。画一化した大量生産や「いいね」で物事の関連を深く考えることもせず、社会参加したような気分になっていると、自分がなくなります。いつまでも自分の判断ができない人になります。アキハバラ事件の加藤は「自分がない」「社会との接点がない」と繰り返し言っていました。犯罪を止める、あるいは返せない借金を借りることを止める、自死を止めるには、それを止める自分というものが必要です。自尊心、というものが必要です。

自分があるためには他者がいなくてはなりません。対話する相手でもいい、自分の困っていることを率直に話し合える友人でもいい、友人のために役立つ自分であってもいい。人は、他者という鏡に自分を映して、初めて自分がわかるのです。他者から認められることによって、初めて自分を認めることができる生き物です。自己肯定感をもつのは、他者の承認があるからなのです。自分の存在を、そこにいるというだけで無条件に認めてくれる他者があり、自分を見守っている人がいると思うだけで、自分を大切にすることができます。対話する研究会では、地位や業績を誇る必要もないし、自分を誇示する必要もありません。利害関係からではなく、ただ参加して自分の社会的な関心を語り、他人が語ることを心を開いて聞く、というそれだけです。だけどそれぞれの人がいつも、メンバーの誰かに、友人の一員として気にかけられていることを感じています。何か月も顔が見えないと世話人が心配することを知っています。

●人は社会との関係で生きている

アルコール依存症になった人や薬物の依存症になった人は、専門病院で治療を受け、一時的に依存症を治癒することができても、本当に治癒するためには、社会の人々の間にいることが絶対に必要だと言われています。病院での隔離された治療では、治癒を維持することは不可能だと言われます。いろいろな人の言葉や行為の中にいて、自分でそこから何かを受け取り、自分も他者に与える相互関係という生きることの体験のなかで依存症を治癒することができる、と言われています。依存症仲間が連帯して作っている友の会などはその柱になっているようです。

逆に接見禁止の囚人とか、保護室で孤独の状態に置かれている精神障碍者は、いよいよ精神的に異常な状態になると言われます。一人暮らしの老人で話し相手のいない人も、うつ状態になる人が多いと言われます。社会的動物と言われる人間にとって、社会人として生きていくことがどんなに自然で当然で、それゆえにどんなに大事か、社会から隔絶されることが、どんなに、致命傷になるか。何よりも事実が示してくれています。

静岡県が行った県民の長期にわたるコホート調査でも社会的活動をしている人が健康年齢を高齢まで維持していることが明らかにされました。それが東海公衆衛生学会で報告されて、高く評価されています。それまで、適度に身体を動かし、歩くことや、バランスの取れた食事や睡眠が、健康を維持するカギで、それを実行している人は、していない人に比べて、三〇%も長生きすることがわかっていました。しかし、社会との関係を持ち続けることが、より重要で、社会参加している人はしない人に比べると五〇%も長生きすることがわかってきたのです。このことは公衆衛生学会で認められたあとも、東海大学の紀要でより明確に追跡調査が行われ、社会参加の重要性が確認されています。

人間は自分の意志ではなく、与えられた社会の中に生まれ、そのあとも社会との関係の中で生きています。人間は個人であると同時に社会人として生きているのだから、当たり前だと思えばそのとおりなのですが、しかしそれを忘れさせているのが、貨幣です。貨幣さえあれば何でも買えて、それで一人で生きていける、と錯覚させています。貨幣の裏側に人間関係があることが、見えなくなっています。市場経済は、商品でないものまで、すべてを商品化していますから、カネさえあれば、と思う人がいるのも、社会が全面的に商品化した現代社会では普通なのかもしれません。でも、それは錯覚に過ぎません。

私たちは意識していても、していなくても社会というネットワークの中に組み込まれている社会人ですが、同じ社会人でも、社会のネットワークからこぼれやすい人と、しっかり組み込まれている人とがいます。たとえば非正規の労働者は、正規の労働者に比べるとネットワークからこぼれ落ちやすい存在といえます。学歴のない人は、社会の入り口でネットワークの中に入りにくい傾向があります。家族の一人として守られ、また責任を負わされている人は、孤独な一人暮らしの人よりも、親密な人間のネットワークの中にいるので、社会からこぼれ落ちそうになっても、どこかで引っかかりがあって、すぐさまこぼれ落ちるのを防いでいると言われます。

しかし、現在は、正規の労働者であっても、企業の合併、不採算部門の廃止、工場の海外移転、ＡＩの導入、技術の変化のはやさに対応できない、などで、いつ社会のネットワークからこぼれ落ちるかわかりません。バラバラの個人をつくり出しやすい社会なのに、いったん、こぼれ落ちた人を社会のネットワークの中に戻ってきてもらう公的な機関や制度が不十分で、社会的包摂ということが言葉としては言われますが、効果を発揮できないでいます。

家族といっても家族の中に居場所のない人もいます。ホームレスが、社会のネットワークに救済を求めずに、「自分が悪い」と、自己責任を刷り込まれて、孤独の中に死んでいく社会です。私たちが生きている社会は、国境を越えて競争している資本主義市場経済によって格差が拡大され、生産力の増大にもかかわらず貧困を作り出し、承認拒否による社会からの排除を作り出している社会なのです。ですから個人は、会社だけでなく、家族だけでなく、同好会でも、勉強会でも、スポーツの会でも、ボランティアの会でもいいから、なるべくいくつかの人間の集まりと関係をもっていないと、落下に対して一時的にでも引っかかりの役割をしている遮蔽物がゼロになり、あっという間にネットワークからこぼれ落ちてしまいます。自己責任思想は、人をバラバラにし、他人とのつながりを断ち切ってしまうことを目的にした思想です。

話し合う人がいれば、一直線に落下するのを一時的にでも防げます。思いつめていても、もっとほかの視点があることに気づかされ教えられ、思考のゆとりを取り戻せます。

たとえば生存の最後の砦と言われる生活保護に対してさえ、国は、保護の水準を引き下げました。他の民主主義国に比べて、生活保護を受ける資格があっても受けない人が多い日本では、生活保護の捕捉率は二割だと言われます。イギリスの八割に、比べると、なんて冷たい国だろうと思います。それなのに生活扶助の引き下げまでしているのです。現在、弁護団の支援によって、全国的訴訟が起こされていますが、判決の結果は今のところ勝敗五分五分です。おそるべきは、市民の連帯意識が弱まっていることです。現在、埼玉県の三級地、川島町で、二人暮らしの生活扶助費は一〇万六二八〇円です。ギリギリの生活費から一割引き下げられることは、富裕層の一割節約とは、質が違います。しかし、生活保護に対する世論は「働いても食えない人がいるのに、働かない人をなぜ食わせなければならないのか」という受け止め方をしている人が多数います。生活保護がもらえたとしても、それと同時に蔑視が与えられては、社会人の一人として、社会参加をしようとしても、しにくいでしょう。生活保護を申請する時、人権派の民間相談機関の人に相談したり、ついてきてくれる友人がいるだけでも、結果は良好です。生活保護は市民の権利なのよ、と言ってくれるだけでも、気を取り直せます。

生活保護は自己申告制なので、個人が自発的に申請しないと、制度があっても捨て置かれます。自発的に申請するといっても、そのことに踏み切るには、誰か相談する相手がいるかどうかが決め手になるでしょう。あるいは、一人で福祉事務所に行って、きちんと事情を要領よく説明できるだけの、説明能力が必要です。対話的研究会でスピーカーになることは、その能力を育てます。

私たちの研究会には、介護の事業をやっている人もいるので、「老人になって一人で生活できなくなったら、〇〇さんのところにお世話になろう。最後まで看取ってもらおう」などと話し合っています。

前述したように、生活保護を受けている人は、他の民主主義国に比べて、日本では少数です。生活保護の受給者と同じ水準の暮らしをしているのに、あるいは生活保護世帯より低い水準で暮らしているのに、生活保護を受けていない人が多数いるのです。それは国家の価値観が自己責任思想に基づいているからです。生活保護を受けたいけれども、受ければ侮蔑の対象になる。子どもが小学校の六年生になって、修学旅行に行く時に、健康保険証を携帯することになっています。その時生活保護世帯であることがわかるので、修学旅行の前に、生活保護を辞退する親が多い、と自治体の職員は言っています。日本では国家や自治体による国民の貧困調査そのものができていません。コロナ禍で貧困世帯に、現金給付をしようとしても、貧困調査のデータがないため、結局全世帯に、一律一〇万円の給付をバラまくしかなかったのです。イギリスのように生活保護を受ける資格がある世帯の八割が捕捉されているということは、日ごろから、社会的に人権を保障しなければ生きていけない人たちへの目配りが行き届いているということです。日本では、生活保護を受けられるのに、受けずに頑張っている人たちは高利貸しからお金を借りたり、闇バイトで稼いだりします。

少なくとも義務教育である中学段階で、人間の尊厳を守る権利意識を教育し、いざという時の公的保護の制度や、申告の方法や、自分の生存権の権利をきちんと言葉にして説明できる表現力、話の核心をつかむ応答能力を学習させておくべきなのです。

対話的研究会で参加者全員がそれぞれスピーカーになり、自分が選んだテーマの話者として自分の考えを述べることにしたのも、自分の要求を言葉にすること、話の核心をつかんで応答する練習をしておく重要性を感じているからです。

●日本には自分の思いや意見を述べる教育がない

私が、一般の人からしばしば聞く言葉は、自分の思いや意見を言いたいと思っても、どうやって言葉にしていいかわからない、ということです。大人になってもそういう人がいることは、それまでの学校教育や、社会教育が民主主義からは程遠い教育をしてきたからです。「沈黙していることは、難を避ける最も賢いやり方」で、発言すると「思慮の浅い生意気なやつ」と思われる。沈黙は金、という習俗が、染みついているのを感じます。おとなしくしていて、周りから察してもらい、手を差し伸べられるまでは、遠慮していること、が日本では可愛い人、感じがいい人ということになっています。

個人の側からいうと、言葉にならないということは考えていることや感じていることが自分の中で整理されていないということです。たくさんの語彙をもっているけれどもその語彙を使いこなす訓練ができていない、ということかもしれません。

意見がないということは、民主主義国では、「私はバカです」ということだとドイツ人に教えられました。確かにドイツの小学校では、一年生の時から、自分の言葉で自分の思っていることを他人に伝える練習をしています。一年生でも毎日議長が変わり、クラスの子どもの誰かが交代で議長になります。その日の授業が終わると、議長がクラス全員に「今日の出来事」に何か問題がなかったかたずねます。いろいろな意見が出て先生はただ黙って見ているだけです。

何かをクラスの全員に伝えることも、質問を受けて答えることもクラスの子どもの意見を聞くことも、それを先生に伝えることも、議長の役目です。子どもが、言葉に詰まっていても先回りして先生が言うことはありません。学校の中で起きたことだけでなく、学校の外で起きたことも、問題にして話し合っていいことになっています。

人形劇で、今、この人形は何を言ったらいいか、セリフをそれぞれの子どもに考えさせたり、目を閉じて何かに触らせ、その感触を言葉にして説明させたり、後日、大学生になった時、コロキュウムという授業があり、学生がお互いに論争し合っているのを教授はそばで見ているだけで、それが単位になるというのもありました。言葉がどんなに大事にされているか。日本では学校で教師が一斉に教え、子ども自身は受け身で、言葉の主権をもつことがありません。テストの答えとは、相手がどんな答えを期待しているか、忖度して答えることが正解なのです。親子関係の中でも、いつも従わされている立場にある子どもの意見を、まず聞いて、それから親の意見を「どう思う」と言って、話し合いの中で決めようとする親は多くありません。

　社会に出ると、マニュアルというものがあり、マニュアル通りにすることが求められます。たばこの売店で白髪の老人に、「二〇歳以上ですか?」と聞くのを見ていて、周りの人が思わず笑っているのを見たこともあります。マニュアル通りに質問しているのですから、そのかぎりではまちがいは起こらないでしょう。

　二〇一三年、山梨県の笹子トンネルで天井板が落ちて、九人の若者が車ごと潰されて死亡した事件がありました。死体は丸焦げで、人間の体とは見分けられない黒焦げの塊だったそうです。でも、お母さんはその黒焦げの塊に娘が好きだった着物を着せて火葬に出したと言っていました。もちろん、なぜこんなことが起こったのか、遺族も一般の通行人も工事の専門家も原因究明に真剣でした。NEXCO中日本は、必ずしも、情報を明らかにしていませんが、外部から調査をした人の調査結果では、天井板を留めるねじくぎの付け方、点検の仕方に欠陥があり、その工事を請け負った下請けに対する伝達がマニュアル任せで、実際に工事をする人間対人間の間に、対話を通して生身の技術の伝達が行われておらず、マニュアルを書いた使用書を渡すだけで対処していた、ということが、わかりました。一定の金額で請け負った下請けは、コストを節約して儲けを出そうとします。請け負った金額よりもコストを節約すればするほど儲けが出るから、効率的にねじくぎ一本にかける時間を短くすれば、人件費が節約できるでしょう。

マニュアルには一般向けの最低限の義務しか書かれていません。しかし実際にマニュアルが作られる過程では、さまざまな具体的な失敗例なども報告されています。しかし、それが、マニュアル化される時は、特殊な具体例は削除されて一般化され、最低限のことしか書かれていないのです。マニュアルとはそういうものです。昔はそういうことをプロの技術者はよく知っていて、経験を積んだ先輩が、後輩の実際の工事に立ち会い、マニュアルにはないが、起こりうる危険を実際にやって見せることで伝達し、後輩がやるところを見て対話的にいろいろ注意を与えた、ということを技術者から聞きました。現在でもたぶん医者の間では、医学生に対して、患者への質問の仕方、手術のやり方など、実際に人から人へ、手から手へ、対話から対話へと訓練をしていると思われます。しかし、今は、タイパ、コスパの成果主義です。昔は仕事が終わったら、係長クラスの人が必ず現場を見て、きちんとできているか、点検することが普通でした。今は、コンピュータで計算したペーパーだけが出されます。

なまの活きた話し合いが究極まで節約されています。

●自分で考えたことを自分の言葉で、聞く人にわかるように話すこと

人間は言葉をもつ動物で、言葉によってさまざまなことを伝え合う能力を授けられているのに、なぜ、話し合いという大事なことを省こうとするのでしょう。

対話的研究会では、コピペではなく、なるべく自分で考えたことを自分の言葉で、まず、聞く人にわかるように話すことになっています。一〇日ほど前にレジュメを作って参加者にメールで送信する決まりになっています。

何回か経験を積むと、話者は、何から話し出したらいいか、どんなことを数字化したらいいか、どういう順序で話せばわかってもらえるか、事柄の羅列だけでなく、発表したことに関して自分の考えをどう付け加えるか、というようなことなどを、考えて発表するようになってきます。ただ思いつきを言う人はだんだん少なくなります。あるいは自分の感情をただぶつけて、思いを晴らすことで満足している人もありますが、まずは言葉にすることが優先なので、そういう人にも、一応自由に発表していただいています。しかし、相手の頭の中に入りやすく、より豊かな表現で、伝えることができるということに、自分で気がついて、次の段階に進歩してほしいと願っています。ただ新聞や本に書いてあることを自分の意見のように話す人に対しては、黒板やホワイトボードに図解してもらい、自分の言葉で説明するように求めることもあります。

人々が話し合う話し方にはいくつかのパターンがあるようです。たとえば、「こんにちは」とか、「いいお天気ですね」とか、「物価が上がって大変ですね。どこまで上がるのでしょうね」というように、とくに伝えたい意味がなくても、お互いに好意をもっている仲間意識を表現する「会話」という言葉があります。空気が和む言葉です。親が礼儀としてまず、子どもに教える言葉です。「こんにちは、ってご挨拶したの?」とか「おはようございます」とかを、まず教えます。

中学生くらいになるとディスカッションができるようになります。学校でも仲間内でも、ある問題に対してそれぞれが自分の意見を述べて、よりよい解決法を探します。学校でも、会社でも、どこに行っても「会議室」というものがありますが、ここが討議をする部屋です。学問上のディスカッションになると、真実を見つけるために時として、激しい討論が繰り広げられ、喧嘩別れになることもありますが、研究していく過程で、新しい視点を与えられることも少なくありません。必ずしも答えが一つである必要はありません。多様な視点やいろいろなヒントを得るいい機会です。

ディベートになると、完全な論争で、はじめから勝ち負けを決めるために論争します。テーマがまず出されて、賛成か反対か、自分の立場をまずはっきりと決めて宣言します。それぞれが賛成、反対の論拠やデータを出し合って、論争し、勝ち負けが決まります。テーマは一つで、動くことはありません。答えもイエスかノーで中間というものはありません。

●最も人間的な話し方が「対話」

最後に最も人間的な話し方が、対話です。日本が近代国家になった時、明治政府は、標準語を作り、国民の使う言葉を統一しました。方言をそれぞれの地域で個人的に使うのは自由ですが、学校の教科書では使われません。新聞やラジオなどマスコミの言葉も、標準語が使われます。さらに、たとえば官報での通達の言葉、政治家の演説の言葉、学校の教師の言葉、裁判官の言葉、職務命令の命令、一方的な通達、軍隊の言葉などは様式が決まっています。しかし、対話は、家族とか、親しい友人間で行われる人間的な、お互いに理解し合う平等な関係での、形式にとらわれない、自分の言葉であり、自由な言葉です。政治家が、国民との対話などと言いますが、それは形だけで一方的な説明で終わるのが普通です。説明会でも、政府が説明だけしたあと、一人か二人が形だけの質問や意見を言い、政府側は聞き流して終わりです。会場から出た意見が政府の政策に反映されることは、まず、ありません。

しかし、対話こそは人間のもつ、本源的な言葉なのです。面白いことに、対話には飽きるということがありません。対話する相手が、次にどんなことを言うのか、まったく決まっていないからです。お互い自由に、自分のもっている哲学や論理や芸術性や倫理観に従って、さらに自分の経験や想像力に従って、あるいは人生の目的意識に従って発言します。何度話し合っても、対話は決まり切った言葉ではない、その時その場で一度だけ聞かれるユニークな言葉です。その人のアイデンティティを表す言葉だから、勝ち負けとか、無理に自分の考えに相手を引きずり込もうとか、決められた目的に到達するように仕組まれた言葉ではなく、自分の人格のすべてで話し合い、お互いの話し合いの中で新しいものを生み出す話し合いです。

たぶんこれからの社会はＡＩによって、対話が代替される場合が多くなるでしょうが、本当の人間的対話が代替されることはないと思います。

ベルリンでヴァンゼー湖の周りを、旧知のドイツの友人と散策していた時に、急に「対話が続いている間は殴り合いは起こらない」という言葉を知っていますか、と聞かれました。その時、私は、対話が個人間のコミュニケーションの手段であるだけでなく、平和のために必要な、平和を作り出す言葉であることに気がついたのです。岩波新書の『対話する社会へ』の表紙の帯に「戦争の反対語は平和ではなく対話です」という言葉を入れたのは、その時の会話が基になっています。ソビエトがキューバにミサイル基地を作りかけた時、フルシチョフと、ケネディの間に、人間と人間を賭けた必死の対話がなかったら、世界を巻き込む戦争になっていたでしょう。核の武器が開発されてから、戦争は絶対にやってはいけない行為になりました。戦争に勝者はなくなりました。ウクライナの悲劇を見る時、他国に武力侵入したロシアの罪と責任の重さを糾弾するのはもちろんですが、対話で解決できなかった両首脳の罪を思います。ウクライナもロシアも、若者の命をどれだけ奪ってしまったか、何の責任もないウクライナの子どもたちの命を正義の戦いの道具にしてはならないのです。首相（一国の責任者）はどんなことがあっても国民を絶対に戦争に引きずり込んではいけないのです。他国に武力で攻め込んだロシアの非を明らかにするために、どういう経過で戦争になったのか、現在の段階では原因と結果が必ずしも明らかにされていません。しかし、たくさんの若者や子どもたちの命を奪い、町をがれきにした戦争を食い止めることが、まず、第一のなすべきことであったと思います。言葉はそのためにあります。死者にとって、大統領の言う大義名分は必要がないのです。

ミハイル・バフチン（一八九五年一一月一七日－一九七五年三月七日）は、人間にとって、最も大事なのは「応答性」であると考えていました。聞くこと、聞いてもらうことの中に、すでに応答性があります。応答の欠如ほど、人間にとっておそろしいものはない、と言っています。人間にとって、応答しあうという行為には終わりとか限界というものはありません。さらに応答は身体性をもつと考えていました。スマホや電話では不可能で、生身の身体を持ちより、身体全体が示しているものを読み取るのが対話であると考えていたのです。対話の中では無数の論理的、感情的要因が共有していて、対話を作り上げている、と考えていました。そうでなかったら、彼が発見した、オープンダイアログという統合失調症の治療は、不可能だったでしょう。オープンダイアログは患者と患者の家族、医師と看護婦、心理学者など、当事者が一緒に集まって、顔を合わせて、話し合います。患者を蚊帳の外にして、医者と家族だけでこそこそと決めることはありません。一つの部屋に集まって、オープンに自分の気持ちを話し合う試みです。患者の気持ちが安定するまで、毎日でもその対話的話し合いは続きます。患者と一緒に、全員でそれぞれの人が、自分の気持ちを正直に話して、お互いに理解し合おうと対話を続けます。そのうちに患者も家族も落ち着いて不安をなくし、次第に統合失調症も治癒していく、という経験が積み重ねられています。フィンランドでは、薬ではなくオープンダイアログが精神的病気の治療の主流になっているようで、外国からも多くの医師が研修に来ています。

それは、医学の治療の技法ではなく、人間に対する哲学と考え方の問題だと言われています。オープンダイアログという対話は管理された競争社会の中で息苦しさにあえぐ人々にも学校教育の中でも、企業の人間関係の中でも、人間性の回復という点で大きな影響力を発揮しています。対話の思想とは対話的な関係から始まって、人間の生き方に対する態度のことなのです。バフチンは対話を「アイディアを生む培養地」だと考えていました。対話は、物理的には別々の個体である人間が言葉を通して出会い、物理的境界を越えてお互いの精神の間を循環し、思想に橋をかけてお互いを豊かにし合う生き方だと考えていました。私も同感です。

●なぜ、対話がいいのか

なぜ対話がいいのか。研究会の中でも折に触れて話し合います。誰もが自分の人生経験で、対話的に話し合った時、いい気分で終わった経験をもっている、という人が多いです。親子の間でも、叱るように、とか、詰問するように、とか、つい怒りをぶつけるとか、反対を許さない命令調でとか、親は子どもに縦関係で上からいろいろな話し方をしています。しかし、対話的に話し合うと、相手の考えもよくわかるし、反発されることのない、いい結果に終わることを経験した人が多いようです。子どもに対して、しつけだから、といって一方的に命令したり、罰を与えるのが当たり前だと思っているから、学校教育にも体罰が行われて、自殺する子どもも出るのです。対話の仕方や、対話で解決した経験をもたない人が多いから、そうなるのだと思います。

　文学作品の中でも、対話する言葉から大きな感動を受けて悟りを開くことがあります。たとえばサン＝テグジュペリ『星の王子さま』の王子さまが、砂漠に不時着した飛行機のパイロットに、「僕、いつだったか、一日に四四回も夕陽を見たんだ」と言うと、パイロットが「一日に四四回も夕陽を見るなんて、あんたは、よほど悲しかったんだね」と言葉を返します。言葉に対する言葉が、美しい心の通った対話になっています。「なぜ四四回も、夕日を見たの？」とか、「四四回も見られるはずがないよ。夕日が落ちてしまうだろ？」と返事をしていたらどうでしょう？　と考えてしまいます。心のわかる美しい返事に出会うと、幸せになりますね。いつでしたか、研究会で報告した人が、暴力をふるう障害のある子どもに、どんな時も、否定的な言葉を一切使わないようにしたら、いつのまにか暴力が消えた、という話をしてくれたことがありました。

　トルストイの『復活』の中に出てくる話です。若い時、ネフリュードフから性的に犯されたカチューシャは娼婦になります。何年かあとに陪審員として裁判所でカチューシャに再会したネフリュードフは、罪の意識で、シベリアに流刑になるカチューシャにシベリアまでついていきます。ネフリュードフに許しを請われたカチューシャが、「私があなたを許さない、ですって？　もし私があなたを許さなくても神様があなたを許してくださいます」と言います。この言葉も最高の対話の言葉ですね。
夏目漱石の『行人』の中で、ノイローゼになっている一郎に、彼を心配して一緒に旅する友人が「所有するということは、結局、所有されることではありませんか」というくだりがあります。それが対話でなかったらどういう文章になったでしょう。いや、文章にならなかったかもしれません。

対話とは、お互いが上下の関係でなく、人間として、平等な立場で人格と人格が話し合う言葉なのです。演説や、命令や指導書とは違い、今、そこにいるただひとりの相手にだけ通じる言葉で、その場にぴったりするただ一度だけ語る言葉なのです。感情も、理性も、沈黙も、話すテンポも、流さなかった涙も含めて、すべてが、全人格による話し方なのです。相手を意図的に同意させようとか、ある結論に引き込もうとか、勝ち負けを決めるとか、ではなく、お互いの言葉のやりとりの中から何か新しい誕生があることを信じる、価値ある言葉なのです。排除ではなく包摂する言葉なのです。相手のアイデンティティを育てる言葉だと言えばいいのかもしれません。バフチンが言うように、それは最も人間らしい、市民としての言葉なのだと思います。

振り返ってみると、生まれた赤ちゃんが初めて出会う言葉はおそらく親が（大人の誰かが）語りかけた言葉だったでしょう。赤ちゃんの耳が外の音を聞き取るようになった時、耳に入った親の言葉は何の意味もないただの音だったでしょう。小鳥のさえずりか、台所で野菜を刻む音か、機械が発する騒音か、それはただの音の一つだったに違いありません。でも、抱き上げられた時に聞こえた言葉、おふろに入れてもらった時の言葉、体の不快感で泣き続けた時に聞こえた言葉、ミルクを飲んだ時に聞いた言葉、背中を軽くたたいてもらいながら、聞こえたメロディー……赤ちゃんの人生に注ぎ込まれた音の複雑な連続の中から、赤ちゃんはどうやって音の意味を理解するようになるのでしょうか。ヘレンケラーが掌に注がれた水と同時に、手のひらに書かれたＷＡＴＥＲという文字から、言葉があることを知ったように、あるいはもっとほかに、音の意味を知るカギがあったのかもしれません。

やがて赤ちゃんは、親や兄弟や周りの人が赤ちゃんに投げかける言葉に対して反応を示すようになります。人間の子どもには、生まれつきの応答能力というものが備わっており、親は赤ちゃんが手足をばたばたさせたり、嬉しい表情をしたり、泣いたり、簡単な発音で「アー」と言ったりするのを見て、通じ合う喜びで、いよいよ、いろいろな働きかけを試みます。こうした応答の中で、赤ちゃんは言葉の意味を知り、聞き慣れた言葉を覚え、言葉で意志が通じることを理解し、一歳半ごろから言葉の爆発期を迎えて、一気に語彙を増やし、自分からいろいろなことを質問したり、自分の要求を語りかけるようになります。そのころ私の子どもも、目にするものを見るたびに、ところかまわず、頻繁に「これなに？」を連発して名詞を覚えようとしているようでした。五～六歳になるまでにはすべての子どもは生活に不自由ないまでに、母語を習得します。なんと驚くべきことではありませんか。そしていよいよ学校教育の世界に入ります。子どもに応答する能力があればこそ、教育は可能なのです。

そのすばらしい応答能力を無視して、一方的な命令や押しつけにしてしまう大人の罪悪を、自分を振り返ってしみじみ後悔しています。子どもの発達が教えてくれたのは、人間にとっての言葉の源泉は対話にあるということです。対話という話し方は、最も人間の本性にあった話し方で人間の発達を引き出す動力である、ということです。対話の中で豊かな言語環境にいた子どもは、それに引っぱれるように、知的レベルも高い、と言われます。画一的な命令や通達の中にいる子どもと違って、何事にも興味をもち、自発的な積極性をもっていると言われます。

●学校教育が対話的ではない現実

けれども、対話する生活世界から学校という世界に入っていった子どもたちに対して、現在の日本の教育が対話的かというと、まず教師の数が足りない。なぜ足りないかというと、あまりに忙しく残業続きの毎日の中で、自分の時間がない。そういう職場では本当の教育はできないし、自分のアイデンティティも確立できない。それぞれの子どもに対してその子だけのための言葉をかけてあげることもできない。そんな職場では自分の人生を左右する「働く意味」が見つけられない、ということで、教師志望者が激減しているということのようです。学校に対話する雰囲気が満ちていれば、対話的日常はいじめや体罰とは雰囲気が合わないので、ぎすぎすして険悪なやりとりは、自然に消滅していくのではないかと思います。

子どもは少し年上の子どもの真似をするのが好きです。よくわからないながら大人同士の話し合いの中にも入って、言葉を交わしながら、子どもは、言葉を一般化することを学びます。言葉こそ、あらゆる発達を実現させてくれる魔法の小づちです。言葉なしに人間は、発達することも、喜びを感じることも、悲しみが癒されることも、コミュニティを作って連帯することも、不可能ではないけれど、かなり難しいのではないかと想像します。過去や未来を思考の中に取り入れて、判断することも、言葉があるからだと言われています。子どもの時に、小さなコミュニティで楽しい経験をした子どもは大人になってもその楽しさを忘れず、より広い、新しいコミュニティを作ります。そのコミュニティは人格を豊かにする培養土となります。

ところが人類の宝ともいうべき対話は、日に日に私たちの周りから失われつつあります。その深刻な意味を、私たちはもっと考えるべきではないでしょうか。対話を失っていくそのスピードはおそろしいほどです。日常の買い物をするにも、かごの中に必要なものを放り込んで、レジで物も言わずにカードで支払えば、対話はまったくありません。

昔なら、買った果物に傷があって、中まで傷んでいたとか言うと、店の人が詫びて、代わりの果物をタダでくれたとか、「この野菜は新鮮ね。どこで採れたの?」とか、「いつもお店番しているお婆さんが今日はいないけど、どうしたの?」とか、いろいろ対話がありました。買い物に来ている他のお客さんとも、「学校前の通りは通行止めだけどまだ通れないの?」というような、情報交換がありました。銀行でお金を借りるともなれば、返済能力を根掘り葉掘り銀行員から聞かれた上で、やっとお金を借りられたのに、今は対面もせずに、カードで借りられます。病院に行っても、医師は血液検査の結果をコンピュータで見るだけで、患者の顔もしっかりとは見ていないようです。「問題ありません」の一言で、どこが問題なかったのか、何を疑って検査したのか、対話はありません。医師は病気を診ているのでしょうが、人間を見ていないから、そのすぐあとに、廊下ですれちがっても、誰かわからないようです。患者にとってはどんな医師なのか、命を預けるのだから対話を通してその人柄を判断したいのに、医師の診察は病院の景色の一つで終わります。病人よりもコンピュータに送られるデータが大事だとすれば、そのうちＡＩですべては処置され、医師という人間は必要なくなるのかもしれません。子どもの学校で起こったことを、同じ学校の先生に聞いても「さあ、知りませんね」の一言です。職員室で先生同士の対話がないので、情報の共有ができていないそうです。会社でも隣の席の人と話さないでパソコンで通知します。

でも対話とは、他の方法では、代替できない何ものかをもっているものなのです。生身の身体が隣に座れば、その人の息遣いや表情、体温や、声のトーンや、まなざし（目つき）からも、私たちは特殊なコミュニケーションを無意識に交換しています。私たち人間は数字だけで表すにはあまりに有機的すぎるつながりをもった身体の全体で生きています。身体の中の各機関がお互いに無数の信号を交わしながら身体の健康を支えています。ウポル島（西サモア）ティアベアに住む酋長のツイアビが言うように、皮膚だって手足だって考えています。身体の全部、心の全部が働いて初めて人の心は健やかな喜びを感じます。人という生き物は、少し前の過去や未来とともに生きています。相手との応答の中で初めてわかり合える事実があるのです。

ミルトン・フリードマンは「企業の責任は利益を上げ、株主に高配当を与えることが企業の社会的責任」であり、「企業を超えたコミュニティの問題は関係ない」という株主資本主義を宣言し、多くの同調者を得ました。しかしその結果は、リーマンショックを招き、地球温暖化を招き、格差社会を引き起こし、社会から排除される人が増え、修正を迫られました。現在、株主資本主義は、ステークホルダー資本主義（株主だけでなく、従業員、顧客、コミュニティ、地球環境などのすべてに配慮した経営）に代わらざるを得なくなっています。限りない競争社会で、ＡＩが登場し、やがて仕事をＡＩに奪われるかもしれない人間は「何を目的に生きているのか」、「人生の意味は何なのか」と生き辛さの中であえいでいます。

そんな時、コストも競争もいっとき忘れて、人間と人間が生身でふれあい、本音を言い合うことができる場所と時間は、砂漠の中の小さなオアシスのようなものかもしれません。

●非人間的流れから脱して人間的な場へ

私たちは持ち金を増やすことの代わりに人間的なものを失っていく、非人間的な流れの中にいます。それに抗して、せめてひとときでも人間であることを思い出す場を作り、人間としての判断力や感覚を蘇らせることができる場を共有したいと考えています。人間は集まっている時に茶菓を楽しむ習慣を、いつのころからもつようになったのでしょうか？　茶菓を楽しむことで、なんとなくほっとして和やかな雰囲気になり、ゆとりを持って自分たちの人間関係や判断について、考えることができます。研究会には勤め帰りの空腹な人がいるので、そのために茶菓を用意してあげたいという自然な感情があって、誰彼となく、たまたま頂き物があったり、旅行先で買ってきたお土産があったり、おやつの残りがあったりして、会場に持ち寄るようになりました。昔、唐に、「趙州従諗《じょうしゅうじゅうしん》」という僧侶がいて、寺に来る人、寺の前を通り過ぎる旅人に分け隔てなくお茶をもてなし、そのまま去っていくことを良しとした話が思い出されます。それを「喫茶去」といいます。現在の喫茶店の出所です。何も求めず、ただお茶をもてなして身体を休め、ほっとする時間を提供することが僧の自然なお布施だったのです。日本でも、井上ひさしさんが、ペンクラブの会長になられた時、食事の時間もなく、急いで来る人のために、何人分かの押しずしを自費で買ってきて、ご馳走されたということを聞きました。もともと食べものを囲んで、楽しみながら話をするという習慣は人間だけにあるものではないでしょうか。お茶を飲みながら、心のゆとりをもって話し合うという習慣は、他の動物にはないのでないかと思います。何でも利害に結びつけ計算づくで動く現在の社会の非人間性に疲れた人々にとって、唐の僧の話や井上さんの話は、湧き出る地下水のような人間味を思い出させる話だったと思います。コロナ禍時代が終わり、再びお茶を楽しみながら、参加する皆さんと話し合いたいと思っています。

●社会との関係の中で、自己実現を成就してほしい

外部の人から、時々、対話的研究会の目的を聞かれることがあります。

参加する人によってそれぞれに目的は違うので、とくに目的を決めているわけではありません。この研究会に参加することで、少しでも何か役に立つことがあればと思います。

あえて言葉にすれば、この世に生まれてきた自分の価値を大切に、自己実現を成就することに、役に立つようだったらいいな、という気持ちです。そのためには自分個人の世界だけでなく、社会との関係のなかで、考え実行するのでなければ、その実現は達成できないだろうと思っています。人間は個人であると同時に社会人なので、働いている人は自分の労働を通して、社会とつながっていますし、労働の報酬（賃金）で食べものなどの消費物資を買うと、市場の需要という行為でまた社会とつながります。買い物をするのも、食べるのも、自分なので、自分という個人は生きているかぎり常に本人に意識されており、個人としての自分を忘れる人はいないでしょう。けれども、社会のことは忘れられやすいのではないでしょうか。

小学校で教えられる「社会」は、「他人に迷惑をかけないように」「規則を守るように」と教えられる「社会」です。大人になると世間体が社会になります。世間体が悪いとか、世間から非難されないようにとか……でも、個人は社会に支えられ、社会を変えていく存在だからこそ「人権を保障された個人」として生きてこられたのです。水も電気も食べものも、道路も、学校も、公衆衛生も、消防も、公園も図書館も、病気をすれば医療も、年を取れば年金も、私たちが払った税金で整備された共通の社会資本です。個人と社会は切り離せません。

民主主義社会は議員という代表者を通して国民の意思を反映させています。国民主権を代表者任せにして、投票にも行かないで、社会のことを忘れている人たちも、戦争が起こるとなれば、あるいは、危険な原発事故が起これば、社会と自分が背中合わせにつながっていることを知るでしょう。そうであれば、日ごろから、よりよい社会になるように、次の世代のためにも積極的に社会に参加して、平和や人権、地球環境を大切にする国を作り、社会を作るのが自然だと思いませんか？

日本人は民主主義国の中でも社会参加に無関心な人が多い国民であることが知られています。自分さえよければ社会のことはどうでもいい、と思っている人が多いようです。政府は国民に愛国心をもつべきと思っているようですが、社会や政治に関心を持ってほしいとは思っていないようです。森喜朗元首相の「寝た子を起こすな」は政治家の本音なのでしょう。学校の中で政治問題を議論することを極度に制限して競争教育の中で勝ち組に入るように仕向けています。国民も自分が社会的にいい地位に就くことが大事で、そのためには、政治に関心をもつよりも、有名校に合格することを望んでいます。政府は、批判的なメディアを嫌い、それを排除するために教育やメディアに対する介入を続けていますし、メディアも政治批判に及び腰です。日本の政治家は独裁政治を望んでいるのでしょうか。安倍政権のモリカケサクラ黒川事件は、その典型的な例でした。

繰り返しになりますが、私たち個人は、生まれた時から個人であると同時に社会人なのですから強制的・義務的に税金を納めさせられて社会参加をしています。非課税世帯の人も、何かを買えば消費税を免れることはできません。国民の税金を使って、政府が社会の格差を最小にし、孤立して社会から排除された人たちを包摂する社会にすれば、税金は民主主義的に機能しているといえます。しかし、自民党の一党独裁が続いているため、平和と人権を基本にした憲法の改憲が堂々と主張され、ウクライナの戦争を契機に好戦的な軍事優先国家になりつつあります。他方では新自由主義的価値観が横行しているのが現状です。そのため、経済的な生産力が高いにもかかわらず、貧困層が広がり、市民の連帯が弱まり、孤立した人々が社会から排除されています。

私たちの小さな研究会が続いているのも、人々の不安感があるためだとすれば素直に喜べません。エーリヒ・フロムは『自由からの逃走』で「バラバラに孤立した個人は不安の中で依存するものを求める。その心性を利用してナチスは、ヒットラーの世界に国民をひきこんだ」と言っています。現在の日本で同じことが起こらなければいいが、と思います。

社会のことを考えるより競争に勝つことが大事という政治・社会の空気を反映して、日本の青少年がとりわけ社会参加に対して消極的であることを示した調査があります。二〇二一年、「高校生の社会参加に関する意識調査報告書」国立青少年教育振興機構青少年教育研究センターの調査によると、日本、アメリカ、中国、韓国の高校生を対象に行った調査で、その中で日本の高校生が他の三か国に比べて、ダントツに、社会参加に消極的、無関心であることが示されています。たとえば、

●「私個人の力では政府決定に影響を与えられない」八三％

●「政治や社会より自分のまわりのことが重要だ」七〇・四％

●「政治や社会のことを考えるのは面倒である」五〇・七％

その傾向は青少年だけでなく日本人一般に共通するもので、ＮＨＫの意識調査でも、内閣府の調査でも同じ結果が得られています。

ＮＨＫ調査によれば、大人の方も次の通りです。

●自分一人努力しても世の中はよくならない。
●政治や社会の問題など、難しいことを考えるのは面倒である。
●他人のことで自分の時間を取られたくない。
●自分が損してまで、みなのために尽くすのはばかげたことだ。

しかし、他方では一九九五年の阪神淡路大震災の被災者に市民は自発的に手を差し伸べ、利害損得ではない人道支援の活動に携わりました。全国から一七二六億円の寄附金が集まり、一三〇万人のボランティアが支援活動にかかわりました。その中でも若者の働きはめざましいものがありました。その傾向は、その後の災害でも示されています。

その働きが契機となって、一九九八年、ＮＰＯ法人を立法化した法律ができ、内閣府の情報によれば二〇二三年で一二七二法人が活動を続けています。ＮＰＯ法人だけではなく、それらの市民活動は国際的に「社会関係資本」と呼ばれ、グローバルな新自由主義市場経済とは違う価値観で、国際社会にも大きな影響を与えつつあります。

ＮＰＯ法人の活動を二〇年あまり続けていた筆者は、それらの市民運動の経緯にかねてから関心があったので、あらためて日本人の社会参加の経緯について、調べ直してみました。

社会統計や意識踏査の中に、社会参加という項目が出てくるのは、一九七〇年前後からです。もちろん愛国主義、軍国主義、天皇絶対主義の戦前には、社会とは国家のことでしたから、現在、使われている社会参加のような概念はありえませんでした。

●対話から始まり、社会参加そして民主主義国の実現へ

一九四五年、無謀な戦争の結末として敗戦を迎えた日本は、衣食住、すべての生活資料の欠乏に遭遇し、国民は生死の境を経験しました。しかし、一九五六年の経済白書で、経済企画庁は、「もはや戦後ではない」（戦前のレベルに戻った）というキャッチフレーズで経済の回復を宣言します。しかしそれは、一九五〇年から五三年に及ぶ朝鮮戦争の犠牲の上に得た特需によっての景気回復でした。その後、日本は六〇年代、七〇年代に、めざましい高度経済成長を果たしますが、その裏には公害（メチル水銀流出による水俣病、カドミュームの流出によるイタイイタイ病、ＰＣＢの食品公害、サリドマイドの薬害、健康被害をもたらした農薬、有害な食品添加物などと並んで、工場排水による河川や海水の汚染、空気の汚染による喘息など）によって、死者を出すような経済成長の裏面の被害が続いたのです。

　国民の間からは、貨幣額で計測された経済成長の指標は、貨幣額では捉えられない環境破壊や国民の健康などの、実質的マイナスを無視している、経済成長は見せかけの数字だ、として「くたばれＧＮＰ」の批判が大きくなりました。国民の幸福は貨幣指標と非貨幣指標の両方でプラス・マイ

ナスを計測しなければ、本当の富の増減は、わからない、という批判だったのです。

一九八五年、経済成長の経過を総括した国民生活審議会はそれらの批判を受けて、ＮＳＩ（国民生活指標）を公表します。一四頁を費やしたそのまえがきには、国民生活にとって真の幸福の増進は貨幣指標だけでは表せないとして、経済成長一辺倒の政策への反省が書かれています。経済成長一辺倒の権力に対して、個人である市民が、市民運動を通して社会に参加し、経済成長が国民の生活の福祉を破壊するのではなく、国民生活の幸福を実現する経済になるように、政治を改革することが個人の社会参加に期待されたのです。今日でも社会参加のその役割は変わっていません（詳細と根拠資料は近刊、暉峻淑子著『承認をひらく』岩波書店をぜひごらん下さい）。

ところがこの民主主義の王道は、いつの間にか、社会参加とは、町内会、ＰＴＡ、老人クラブ、祭り、花火大会への参加に置き換えられ、その実態は、町内会に加入しているとか、ＰＴＡに加入していることをもって、社会参加したことになっているものが少なくありません。ではどんな社会参加をしているかと質問すると、会費を払っているが実体としてはほとんど何もしていない、という場合が多いようです。ＮＰＯ活動の場合は、社会福祉に貢献する活動をしているところが多いようですが、政治に対する批判勢力にはなっていません。誰にでも褒められる慈善的活動になっています。もちろん慈善活動はいいことです。祭りの参加も楽しい社会参加としては、いいことだと思います。しかしそこにとどまっていては、よりよい社会の実現も戦争を防ぐこともできません。

しかし政治こそが、法律を作り、行政を動かしているのだから、政治批判をしない社会参加活動などありえません。日本では「批判ばかりして」と批判は悪いことのように思われがちですが、海外の民主主義国家には、批判とは根本的に物事を考える、よいことになっています。現在、国際的に活動しているソシアルキャピタル（社会関係資本）とは、受け身で、義務的に、ある集団に属しているのではなく、自発的・積極的に社会を変えていくために活動しているグループのことです。その拠点が多い国ほど、民主主義の平和、人権、地球環境に貢献していることが証明されています。ソシアルキャピタルの人々は、市場だけに依存しない人間そのものの力で、世界を変えようとしているのです。

対話から始まって、人々が社会に参加し、平和と人権と地球環境に責任をもつ民主主義国への道が開かれることを願っています。小さな対話的研究会が駅の数ほどできて、民主主義の足腰を強くすることができれば、日本の社会は新しい息を吹き込まれて活性化し、青少年が社会に無関心ではなく、希望をもって活躍する未来が開けるのではないかと、夢見ています。経済成長優先ではなく美しい自然を残し、国債の借金を残さず若者や子どもが生きがいと希望を持つ社会を残したいと思います。行動することで希望は生まれ、傍観することで、絶望感が大きくなります。

私たちの小さな対話の場が、一人ひとりのアイデンティティ（存在証明）を育て、自己実現を成就し、それが社会的連帯となって、社会をよりよく変えていく動力のひとつになることを心から願っています。

第2章

座談会

「対話的研究会」の魅力と可能性はどこに？

第2章　「対話的研究会」の魅力と可能性はどこに？

——参加者　暉峻淑子、山川美代子、大六野寿子、小沼稜子、山田　高（敬称略）

（目次）

●発足は何がきっかけ

暉峻：今日は一人ひとりのお話を聞けるので楽しみにしています。

それではまず、「対話的研究会」発足のきっかけから話をはじめましょう。

山川：はじめは「対話的研究会」という名称ではなく、「公共研究会」としてスタートしたのですね。私もうろ覚えなんですが、二〇一〇年くらいに暉峻先生に「身近のことについて話してみるのはどう？」とお誘いを受けたんです。それからどんな形にしようかも含めて思いつくままにみんなでやってきました。ただ最初、私は「聞くのがよくて話すのはいやだ。苦手だ」と言ったんです。そしたら暉峻先生に「えーそれでいいの？」と言われて、私と片岡洋子さんで「いいじゃない、聞くのも。黙って聞くというのも大事だよね」と逃げ回ってたのですが……。いつから「対話的研究会」になったのかな？

暉峻：片岡さんが研究会の来歴を『対話をちからに』（二〇一七年、自費出版）の中でまとめてくれていますね。

大六野：「対話的研究会」になったのは私たちの『対話をちからに』が自費出版される前の年ですよね。だから、二〇一六年頃じゃないかな？

山川：（過去の資料を見て）二〇一〇年六月、「まちづくりの専門家」の方が報告者になっています。

暉峻：そうそう、それが一番最初の報告者で、二〇一〇年が第一回の研究会だったの。二〇一〇年ということはもう今年（二〇二三年）で一三年目じゃないですか。でも、一番最初の講演の前からくすぶってたんですよ。講演を聞くだけでは本当に自分たちのものにならないと。

たしか講師の方は研究会の日にずいぶん遅れて来られたんですよね。それでみんな「どうしよう、本当に来てくださるのかしら」と心配になって。それだけでもネガティブな空気だったのに講演の内容は私たちの期待しているようなものではなかった。私たちは二〇〇〇年に施行された「地方分権一括法」基づいて作られる自治基本法条例によって住民が参加するまちづくりに期待を持っていたのです。これまで道路や公共的な建物や公園などは、国や地方自治体が一方的に決定するものでした。それが住民参加のまちづくりになる。その方法を知りたかったのです。それなのに講師の方は日本の町会を活用するとか、従来と同じ発想のことを言っていた。講師の方はまちづくりの委員でもあったのですよ。それなのに私たちが望んでいるまちづくりとは違う、いかにも官僚が話しそうな話を話していた。そこで決心がついたの。そんな期待はずれの話にお金を払って貴重な時間を割いてもあまり勉強にならない、ある意味、この講演会が反面教師になって、私たちの会を作ってお互いに調べたことを勉強しあおうと言って始まった。

山川：二〇一〇年七月一日がはじめての会合で、そのときに何人集まったか覚えてますか？

暉峻：一〇人くらいじゃない？

大六野：じゃあ最初の講師の方は会の人というわけではないのですね。その方の講演を聞きに行ったのがきっかけだったのですね。

小沼：いや、実はそれも少し違うんです。そのときちょうど練馬区長選があり民主党の鮫島宗明さんを私たちは野党の統一候補として応援していたんです。民主的なまちづくりは区長選と関連したテーマだったと思います。ところが、日本共産党が古賀義弘さんという方を立てるというので、応援している人の半分くらいはそちらへ行ってしまったんです。

私は古賀さんのことはよく知っていて、その前の選挙で、本屋良さんという方が立候補したときに私も応援団としてお手伝いしていたんですけど、古賀さんもそこにいたんです。男性の候補者は選挙では、女性たちをどう使うか、みたいな感じで、なんとなく威張っている人が多かったんですが、古賀さんは女性に溶け込んで一生懸命にやる人だったんですよ。だから誠実でいい人だなと思っていたので、個人的には古賀さんのほうが本当はよいかなと思っていたんですけど、統一候補としてみんなでやろうと動き出したときに分裂させてしまったら、絶対どちらも当選しにでしょ。それなのに分裂させたということが許せなくて、そのまま統一候補の方を応援することにしたメンバーで対話をしていたという下地があったんです。

暉峻：そうでしたね。私個人は分裂のなかで、「日常から対話がなく、いきなり集まっても相互理解は難しい」ということを痛感していました。

小沼：その頃、民主党は「新しい公共」ということを打ち出していて、私は市民運動を活性化させることで社会が豊かになる、そういう社会を作るということなんだろうなと買いかぶって考えていたんですけれども、だんだん民間委託みたいになっていっちゃったんです。そこで「公共」ってなんだろうなという疑問を持ち始めた頃に、「対話」に出会って「あっ、これならわかる」と思ったんです。

山川：本当に「公共」ってなんだろうっていつも思いながら。そのあとに「対話」が出てきたときも「対話」ってなんだろうと思って、その「なんだろう、なんだろう」を続けていくうちにだんだん見えて来たのかな？　と思ってるんですけどね。

暉峻：私も「新しい公共」という民主党のそれを受けて、ある方が「『公共研究会』にしたら？」と言ってくれたの。私はネーミングとかにはこだわらない人間なんです。でも名前をつけないことにはどうしようもないので、「まあいいか」と言って反対もせず、議論もしないで決まったんです。そしたら小沼さんが言う通り、だんだん「公共」が変になってきて、軍備も公共の福祉のなかに入ると言い出しちゃったんです。それはどうかと思って、研究会の基礎もかたまって流れだしたので、もう一回みんなで議論をしてネーミングを考えたほうがいいと思ったんです。それでみんなの総意で「対話」がいいということになったんです。

●それぞれの参加のきっかけと変化

◎山田さんの場合

山川：山田さんは「対話的研究会」になってから参加されたんですか？

山田：いや、公共研究会の頃から参加していました。二〇一五年くらいからです。奥憲一君という友だちが私より先にこの研究会に入っていて、彼も私も兵庫県の日本海側の出身で、高校の同級生なんです。同級生はもう第一線を退いていて、地元に残っている人はあんまりいないのですよ。大半の人が京阪神か、首都圏、中京圏に住んでいる。それで同窓会を名古屋でやることになりました。東京からも地元からも京阪神からもみんな集まりやすいからですね。その帰りに奥憲一君と新幹線に乗っていると、「暉峻先生のこと知ってる？」というから、「名前を聞いたことはあるし、岩波新書の『豊かさとは何か』は読んだ」という話をしたら「いや実は、その先生が世話人になっている勉強会に出ているんだけれども、よかったら顔出してみない？」と彼に誘われて、それでここに来たというのが最初です。

大六野：奥憲一さんも発表されたことありますよね。ある有名な私立大学の学生寮の管理人としての話をしてくれましたよね。

山田：それは二〇一七年、五七回目の研究会である有名な私立大学の国際学生寮の概要と問題点、そして防災管理について話をしています。

暉峻：奥憲一さんはこのとき進歩的といわれていた大学の学生寮の管理をしていたんですが、案外それが違っていて、管理一辺倒のやり方に疑問を感じていたんですよね。それともう一つは、その労務管理上、働いている時間であるのに休憩時間としてしかカウントされないやり方にも不満を持っていたので、この会に入られたんだと思います。

その奥憲一さんから聞いたのは、「高校の同窓生で山田さんというのがいるのだけれど、この研究会のことを話したら『じゃあ俺も紹介しろ』と言われたので、山田さんも来ると思います」ということだった（笑）。こんなに有力な人が入ってくれるとは思っていなかったので、山田さんには研究会の力になってくださって、いい人に来てもらったと思っています。奥憲一さんのほうは労務管理について反対していたのが、裁判になったんですよね。最終的に、裁判には勝てたんですけど、そのことがあって転勤して来られなくなってしまったんです。

奥憲一さんの報告はよく覚えているんだけれども、進歩的といいながら管理者は「見慣れない人が入ってきたら、その人のあとをつけていけ」と。それも労務に入っているんですって。そんな尾行する探偵じゃあるまいし。

それから巨大企業は学生寮で講座をやるんだそうです。見知らぬ人のあとをつけさせるようなことをするのに、そうしたことには寛大で、その講座に出席している学生を企業が青田買いをするんですよね。そのための講座なんですよ。それを知っていても自由にやらせる。そのくせに学生たちが政治的な話をロビーですることは夜二〇時までと決められていて、寮のなかで集まるということ自体が禁じられているらしいんです。そういう苦情を縷々話されて、まったくそれに同感でしたね。建学の精神では偉そうなことを言っておきながら、そういうことをやっているというのは、日本の社会そのものを反映していると思いました。

大六野：もっと自由な学生寮かと思っていたらとんでもないね。表向きの建学の精神と事実は違うのね。こういう事実を語り合う会が必要なのね。

小沼：あの話はショックでしたね。

暉峻：昔の学生寮は自治制で部屋割りを決めたり、寮で雇う人の面接なども学生がやっていた。また大学のサークル活動の拠点だったり、理系、文系の人が一緒になって交流し合うとてもいい場所だったですよね。

でも、これまで研究会にいろいろな人に来てもらってよかったなと思います。

山川：いろいろな人のいろいろな発表がこんなにたくさんあって、順番が回ってくるとハラハラしてね。何を話せばいいのか、何をまとめればいいのか。

大六野：二〇一八年で九一回なんですね。すごいですよね。今は何回ですか？

山川：今は覚えていない。片岡さんに聞いてください（笑）。そういうふうに誰かが担当でしっかり管理しないと忘れるくらい。段ボールひとつ分くらいの資料がとってある。

◎山川さんの場合

暉峻：山川さんはいかがでしょうか？

山川：私が発表を聞きながら思うことは、自分の知っていることの範囲は狭いじゃないですか。ところが、たくさんの人が集まってそれぞれの興味あることについて話してくれるので、それをきっかけに自分の知識が豊かになる。しかも定年まで専門職として働いていらした方がそのことについて話してくれて、授業料を払わずに講義を受けているような感じで、贅沢な機会だなと思っています。たまたま自分の興味のあることを発表してくれた人がいれば、そのことをより深く聞くことができる。絵本のことを聞いたり、織物のことを習ったり。信頼できる、安心して付き合えるのが「対話的研究会」で触れ合った人たちなんですよね。人と出会うといったら、たいてい飲み会とか打ち上げとかいろいろするでしょ。それで親交を深めるじゃないですか。「対話的研究会」は、暉峻先生のお味噌汁をいただいたことはあるけれども、お酒を飲んだりするわけでもないのに、なぜか親しみが持てるというのを研究会のすべての人から感じるんです。月に一回しか集まらないのに親しみのようなものを感じるいい場所だなというのが私の感想です。みなさんはどうでしょうかね？

小沼：どうしてもサークルというのは同じ方向を向いている人ばかりが集まってしまうのに、ここはいろいろな人たちがいるというのが一番の宝なのだと思いますね。人として少し豊かになれるような気がします。

山川：「この前こういうことを経験したんだけれど……」って気軽に発表してくださるでしょう。だから一つひとつがすごい印象的で、深くこころに残ります。

暉峻：私も話を聞いていて興味深いのは、講師として外から来る人の話を聞くときは、やっぱりみんなが他人行儀になるんですね。でも自分たちの仲間が話しているときはみんなの気持ちがすごく開放的で、こんな質問してもいいのかなとも思わずに、どんなことでも、場合によってはぜんぜん関係のない話が出てきたりするけれども、すごく自由で、話す人と聞く人との間がつながっている。そういう雰囲気はとてもいいなと思っています。

山川：それでみんな順番に話すでしょう。だから、ネタを取られてしまわないうちに早く話さなくちゃとか、言うことがなくなっちゃうとか、最初は「私は話したくない」と言っていたのに、早く言わなきゃと思うようになって（笑）。そういう緊張感とか、言わなきゃいられないとか、そういう気持ちになるので、おもしろいものだなと思っています。

暉峻：私が「講師を呼ぶのをやめて、みんな一人ひとりが報告者になって順番に関心のある問題を話すようにしない？」と提案したときに、大反対の先鋒が山川さんだったんです。「私は学校を卒業してからそんな経験をしたこともないし、そうしなきゃいけないと思ったらかえってこの会に来るのにもためらう。私がこの会に入ったのはただ聞くために来たんだから、絶対反対」と言って。でも、私はそうじゃないという確信があったんです。普通に雑談していてもそれぞれの人にはそれぞれの考えがちゃんとある。みんなの前で自分の意見を話すというチャンスが日本の社会にはないから、そういう経験していないというだけの話であって、いざ話してもらったらちゃんとおもしろい話が聞けるというのは私の自信としてあったんです。むしろ、みんな話したがっているんだと思っていました。

山川：だけど困りましたよ、山口二郎さんの講演会での司会には（笑）。私は何が一番この研究会で困っただろうと考えたんですけど、その司会と、とりとめもなく長く続くあの質問。山口二郎さんのことをそこではじめて知って、あのぐらいはっきりした物言いの人と私はお話できたんだと思ったら、それが得意になったりして。

暉峻：あのときは司会をまだやったことない人に順番で回そうということをやっていたから、ちょうど山口さんのときに山川さんが当たったのですね。ただ、質問で長々と話す方がいらっしゃって、その人に引きずられて会の流れがすっかり変になっちゃったんです。

山川：そのあとから、暉峻先生の長い話の切り方はどんなだろうかと注意して聞いているようにしていたのですが、先生は話す人の話の要点をまずまとめるんですね。まとめてから、長話しをする人に「あなたのお話は、要するにこういうことなんですね。わかりました。では次の人に」と廻すんです。そういうことを学びましたよ。だから失敗の経験も、それはそれでいいことにしました(笑)。

暉峻：そうそう。ところがね、あとで山口二郎さんからはメールが入ってね。「会の意義は認めます。だけども会のなかで関係のない話を長々とする人がいてその話し方についてもあなたの会ではちゃんとまとめて話す練習をしてもらわないと困ります」と。それで私は逆に「そういう人も入っているということがうちの会のユニークなところで、組合や会社の会議みたいに決めた通りに議題が進んでいくのではない素人の集会が運動の幅を広げていく役割も果たしているのではないか」と考えました。

◎大六野さんの場合

山川：大六野さんはどう？

大六野：私はこの年表を見ていたら、けっこう古いと思って。一〇回目の「関越（道）高架化の老人施設反対」というテーマは間中さんがお話ししていて、間中さんは私と一緒に関越道の高架下開発反対運動を一緒にやってた人なんです。

暉峻：これで大六野さんたちの運動と「対話的研究会」がつながった。だから、その当時からかなり経っているんですよ。

大六野：最初は間中さんが「こういうところで話をしてきたのよ」ということだったのが、そのあといろいろ具体的になっていくなかで、暉峻さんが暑いなか、区との話し合いのときにわざわざ来てくださったことがあるんですよ。「あ、あの方が暉峻さんなんだ」とそのときにわかって、それからしばらくして、この「対話的研究会」でみなさんがカンパしてくださるからというので、何人かの運動のメンバーが来たんですね。

山川：そうめんも買いました！　それでしばらくそうめんを食べるハメになりました。

大六野：そうそう、何人かの方に資金集めのためのそうめんを買っていただいたり、カンパしていただいて、それがきっかけで私がここに来るようになった。暉峻さんには関越の高架下の問題でＮＥＸＣＯや区との話し合いのときなど、本当にいろいろなところに来ていただいて、またお話をしていただいて。そういう経緯がずっとあるなかで、私がここに来てかれこれ一〇年近くなるのですね。

住民運動をやっていることで周りの人から色眼鏡で見られることがあって、地域のなかではなんでも反対する人と思われていたのが、ここに来ると、みなさんがすごく協力してくださった。自分たちのやっていることは間違いじゃないんだなと感じた。私が付き合ってきたいろいろな仲間のなかでは、「そんなお上に盾ついてないで『はいはい』と言っていれば生きられるのに」みたいなことを言う人がいてね。だからそういうなかでここに来て自分たちのやっていることは決して間違いじゃないという確信を得られたのかな。だからこの会は、自分たちが色眼鏡で見られているということからすごく解放された自由な場だったなというふうに感じたんですね。

先ほど山川さんも言ったように、自分の知らないこと、本当に自分は「井のなかの蛙」でしかなかったと感じることが多くて、本当にいろいろなことに耳を傾けて世界が広がったなと思います。自分の生活も考え方もすごく変わったなというふうに思います。あのまま地元にいて色眼鏡で見られる生活が何年続くんだろうと思っていたなかで、自分も勉強させていただいた。いろいろな人との出会いがあって、ある意味で豊かになった。

暉峻さんの『対話する社会へ』（岩波新書、二〇一七年）の前に、『社会人の生き方』（同、二〇一二年）という本があり、そのなかでも、少しだけ関越のことを取り上げていただきました。それをＮＥＸＣＯとかに送ったんですけど、突っ返されたりして（笑）。自分たちのやっていることがあまりにも的確に指摘されているから恥ずかしくなったんじゃないですかね。ＮＥＸＣＯの本社と練馬区と国交省にも送ったかな。なかには読んだ形跡があるものが戻ってきたりしてあとで笑ったんですけどね（笑）。一応なかに目を通した人もいるんだろうなということでね。

私にとって「対話的研究会」は、私の一〇年間とともにある。生活の一部といったらおかしいんですけど、なんかそういう感じがして。先生の本が出版されて新聞で大きく紹介されることで、研究会に新しい方が入ってくる。それでおもしろいのは、とにかく話したい人がいっぱいいるんだということ。最初に話したことからどんどん発展してぜんぜん違うことまで発展してどこで終わるんだろうと思うくらい、とにかく世のなかには話したくてうずうずしている人がいっぱいいたんだなと。そういう意味でこの「対話的研究会」の存在価値というのはあるんだなというふうに私は思いました。みんなそれぞれ思いがあって、それを発表する場所がなかったのかなと。そういう意味で「対話的研究会」は人助けになって、話す機会を提供している場なんだなと。ただ話を聞くだけじゃなくて、やっぱり自分の知らない世界を私なりに吸収できる場でもある。

暉峻：「対話的研究会」には本当にいろいろな人が入ってくる。私たちも変わったと私は思います。というのは、私たちの会では一年に一度の忘年会みたいなものをするんです。その時、私たちはお弁当をどこから取って食べますかというところから会員と話し合います。初めて会に入った人は、世話人がすべてを決めて、決まったことをメンバーに通知するという会、そういう普通の会だと思っていたんですよね。「世話人の会で決めて、そんなにいちいち会員に報告しなくてもいいじゃない」と私に言ったんです。私は「そうじゃないんです。この会は世話人が決める会じゃない。世話人は下働きの世話をする役であって決める役じゃないのよ」ということを初めての人に言った記憶があります。「まず研究会の人たちの意見を私たちがいろいろ聞いて、そのお世話をしていくのが私たち世話人会なのよ。だから上の機関が下の機関に伝達していくという会では絶対にない。普通、社会はそういう会が多いけれど、うちはそうじゃない」ということを言ったんです。

さらにそのとき、いったん決めたお弁当を別のところに変えたいという意見が出て、そのときも、「もう会で決めたことじゃない。反対なら会の席上でちゃんと言ってよ」という人がいた。私が「いや、みんなで話し合って、そのときはいいなと思っても、あとから考え直したりして考えが変わることはよくある。もし考え直す時間がある場合は、一回決したらもう議事はそれで終わりとことにしない方がいいのでは」ということを説明した記憶があります。会社勤めを経験された人は、上の会の決めたことは有無を言わさず実行されてきた。会議で一度決まったことは、あとからひっくり返すことはできないのが普通の組織だと思います。そういう会社のなかでかなり切れ者として働いていた人は、その習慣を変えるのはとても大変だったと思うんですよ。一度決めたら、それに従うということは、ある意味効率的で楽です。だけどまだ変えられる時間的余裕があるのなら面倒がらずに、もう一度ベターな方に決め直すことも同じように大事です。

私たちは普通行われていることに対しても、それが私たちの会に当てはまるかどうか考えてみることにしました。

最初はこの研究会でも報告者が意見を言っている最中に、聞こうとしないで勝手に隣の人としゃべっている人もいたそういう時、「きちんと話し手の意見を聞いて！」と注意した（笑）。話すことと同じように聞くことが大切だと思うからです。でもそういうことを言えるところがうちの会のすごくいいところだし、私もそれを言って、それが原因で長くあとに引いて気まずくなるようなことはうち会ではないという確信があった。注意された人も怒るどころか会のためにずいぶん献身的に動いてくださって、それもうちの会のいいところだなと思います。

山川：そういえば、ずいぶん遠くからいらっしゃっている方もあるようだけど、何がきっかけで参加されたんでしょうね。

大六野：「対話的研究会」のことが新聞に載ったときかな。あのときたくさんいらしたでしょ。

暉峻：その方は大学を定年退職されて、時間がおできになったのでご自分の研究分野との関連もあって参加されたと聞いています。もちろん他の会にもかかわっていらっしゃったと思いますが。ご自宅が世田谷区なので遠くから二時間近くもかけて来ていらっしゃるため交通の関係で最後までは参加できないので、質問の順番を先にしていただいたり、そこは工夫してやっています。この会には高校や大学で教えている人や以前教えていた人も数人参加していますが、専門の違う人が市民の一人として意見を述べ合うことも楽しいですね。

山川：世田谷には以前私たちの会にいた人が、世田谷で「対話的研究会イン世田谷」という会を立ち上げましたね。

暉峻：そうそう。もうひとつは、「対話的研究会イン神奈川」というのも最近できて、そこは子どもの教育のほうに問題を抱える若い親たちの会。それを始めようと言った人は、講演で「対話的研究会」の話を聞いて自分たちのところでもこういうのを作りたいと思って作ったと。それで「『対話的研究会』という名前をつけてもいいでしょうか？」と聞かれて、「はい、どうぞどうぞ（笑）。いくらでもつけてください」と言って（笑）。そこは活発にやっているみたいですね。やっぱり子育ては、私たちの時代の子育ても難しいと思ったけれど、今はもっと難しくなっているみたいね。

山川：政府のＣＭで「子どもの時代を長く過ごしましょう」と言っているんだけれど、「子どもの時代を長く」と政府が言うわりには、学歴主義だなとか思ったりするんですけどね。

●「対話的研究会」のいいところ

暉峻：ところでみなさんにとって「対話的研究会」はどんな会でしょうか？

山田：三つくらいあるんですけれども、ひとつは『対話をちからに』に書いてあるのですが、「戦争・暴力」の反対語は「平和」ではなく「対話」だということ。対話している間は戦争・暴力にならない、だから対義語は平和ではなくて対話だというのは私は名言だと思っています。言葉としての意味だけではなくて、それが本当にどういうことなのかを、この研究会に出て感じてきました。

この会の最後では、暉峻さんがコメントされるんだけれど、たとえばかつて西ドイツで活動されていたことと日本との違いみたいなことで、同じことであっても、日本と他の国では受け取り方が違うんですよという話をされる。そうしたその日の報告に対する総括的なコメントがいつも楽しみなんです。「戦争・暴力」の反対語が「対話」だということの意味を、そのコメントを通して自分なりに納得したいという思いがある。

二つ目はこれも『対話をちからに』に書いてあるのですが、「対話的研究会」みたいなものが駅の数と同じくらい地域社会のなかに根づくようになれば、日本の民主主義というものが活力を持つんじゃないだろうかということ。これも本当にそうなればいいなと思いながら、たまたま私が住んでいる団地のなかに類似のサークルがあるのですが、そこでも『対話をちからに』を出したときや『対話する社会へ』が出たとき、あるいは朝日新聞に紹介されたときにも、このサークルで研究会の話題になるんですよ。

あるときに、「ああいう研究会みたいになればいいですね」と言うから「あそこはハードルが高いから大変ですよ」と私は言ったんです（笑）。たとえば、「報告者が毎回変わるんですよ。司会も持ち回りです。二〇人前後くらいなんだけれども、それをやりますか？　やれますか？」と言うと、「いや、それはちょっと……」と言うから（笑）。だから、別に同じようにやらなくても、とにかくみんなが自由にしゃべれる場があるということだけでもいいことだと思っています。ここに来たら人の話を聞くだけというのではなくて、お互いに思ったことを話し合うことができる場所にしています。

先週の木曜日、ちょうどその例会があって、そのときあんまり話をしない人がいたので、そういう人にはこの一か月の間に何が起こったのかを、新聞の一面記事の見出しをリストアップして事前に送っておくんです。「それを見てると何かモヤモヤすることがあるでしょ？　そのモヤモヤをみんなにぶつけて、私はこんなことがわからないんだけど、誰かわかる人教えてくれないか」と、それを発言するだけでいいんです。自分で何か言おうと思わなくても、自分がモヤモヤ思うことが何かということさえ話をすれば、あとは出席している人がいろいろ話をしてくれるから、「あ、なるほど、そういうことだったのか」という納得の仕方をしてくれればいいのだから、この一か月モヤモヤしていることは何か、それを発言してくれというふうに言っています。団地の会では、ここでやっている研究会を参考にさせてもらって、なんとか続けようと思っています。そういう意味でも、研究会に出てきて団地でやっている会の参考になることやヒントはないかということを探っています。

あと、繰り返しなるかもしれませんが、三つめは最初にこの研究会出たときに、「出席した人は必ず、何か発言しなければダメだ」ということを言われて、かなり厳しいお達しと思いました（笑）。とくにないってこともあるんじゃないかと思ったけれど、「いや、何かひとことでもいいから発言をしなきゃいけないんだ」というふうに言われて、そうすると聞く態度も変わるんですよ。何か発言しなきゃいけないということになると、よく聞いてどのことに自分は興味を持ったかということを言わなきゃいけないから、聞き方もしっかり聞かないといけない。ただ漫然と出席をしてなんとなく話を聞いているという聞き方ではダメなんだなと思いました。

それから話をするにしても、コメントをするにしても、聞いている人にわかってもらえるように話をしなきゃいけない、ということは意識しています。取り上げられるテーマ全部に関心があるわけではないんです。そうではないのもあるんだけれども、そのなかからどういうコメントをするか、なおかつみんなの前で話さなきゃいけない。少しは気の利いたことを言わなきゃいけないと思うと、ある種の緊張感を持ってこの研究会に参加していますね。

しかし、そういうことを毎月一回トレーニングされるので、視野も広がる。あるいは、いろいろな見方も深くなる。対話とは何かをここに来ることで実感したい。そして、駅の数ほどという話について、団地の会もそのうちのひとつであると私は思っていて、そういうものとして続けられるようにしなければいけないなと。そのためにはここに来てちゃんとヒントを得ておかなければいけないなと思います。

暉峻：みんなが発言をするということについて、先ほど山川さんからやそのほかの人から反対を受けたという話をしたけれど、そう言いながら山川さんは自分の発表のときに、すごくいい話をされるんですよね。普通の会だと意見のある人は手を挙げてその人が発言する。それのほうが強制ではないから、理想的にはそれがいいと思っているんですよ。ところが、今の日本の教育というのは、無理やりに聞かせるけれども、言わせないようにするという教育なんです。発言を禁じて先生の言う通り、教科書に書いてあること、それを自分で覚えるなり納得して答案に書けば「〇」になる。

先生自身も教師用アンチョコかなんかを読んでやっているから、生徒から正直なありのままの意見や質問があると困るわけです。今も覚えているんだけれども、私が小学生のときに、「カンナの花の血の色よ　町の従妹が帰るとき……」という詩があった。私がいたのは昔の師範学校、今の学芸大学附属の学校だったから、授業を見学に来る人がけっこういるんですね。先生がこの詩についていろいろ説明をして、「この詩を読んでどう思いましたか？」と言ったときに、私は手を挙げて「私が詩を読んだときの気持ちのほうがずっとよかった。先生の説明を聞いたらこの詩がすごくつまらなくなりました」と言ったの。でも本当にそう思ったの（笑）。そしたら先生が困った顔をして、それについて何もお答えがなかった。だから、何か悪いことを言ったのかなと子どもの頃に長く罪悪感を持ったのですけれど、教師としては自分のさばきやすい意見を言ってくれる子はいいけれど、生徒が本当に個性的な、自分の感じたことを率直に言われると先生の方が困る、ということがあるんですよね。ということもあって、上意下達の生徒に言わせない教育が積み重なっている。

だから「私は言えないのよ」とか「そんな経験したことありませんよ」ということは、その人の責任ではなくて、そういう日本の教育の積み重ねなんですよ。町会なんかに出ても、自由に意見を言う人は嫌われますよね。だいたい町会長が言ったことを「はい、わかりました」と言って、決められたことを素直に実行する人はいい人。それが社会にも教育にも蔓延していて、そこを一度根本から変えるには、〝強制〟と捉えられてもいいから、まずは全員に言葉にしてもらうというところから始めたほうがいいという気持ちが強かったので、そこは曲げないことにしているんです。でも

「言えない、言えない」と言っていた人がちゃんと自分の考えを持っているし、言いたがっている。私としても勉強になっていいなと思っています。山川さんは『対話をちからに』の原稿を書くときもすごく反対した（笑）。

山川：それも反対なの（笑）。人から言われるのはみんな反対なの。

暉峻：だけど、沖縄で見学したことをちゃんと書いたものはとても素直な文章で、先入観があって書いてある文章とは違うんですよね。だから「いい文章を書かれる方だな」と私は感心して読みました。みなさんがそれぞれの個性を持つ自然な力を発揮されれば、こんないいものを持っているのだなと教えられることが多いですね。

小沼：孤独な人間がすごく多いのかなと思いますよね。もう数年前のことですけれど、池袋で息子と待ち合わせをしたことがあるんですが、そしたらちょうど私の目の前に二人の学生さんがいて、そこにおそらく旧統一教会の人だと思うのだけれど、「アンケートをお願いします」と言われていたんです。そのうち「今の悩みは何ですか?」という話になって、その素直な学生さんは「孤独なんです。友だちもできなくてとてもさみしいんです」と言うんですよ。それを聞いていたら私は胸がドキドキしてきちゃって。どうするのかなと見ていたら「住所とお名前を書いてください」と言うんですよね。そのとき私は思わずアンケートを渡す手をバンッと払って、「ここまで！」と言ったの。もう何も考えずに手が出ちゃった。それで「人に住所や名前を言うもんじゃありません」と言ったら、警察の回し者かと思われたのか、どちらもパッといなくなっちゃった。だけど、そんなふうに孤独な若者がたくさんいるんだろうなと感じています。

それと最近、台湾と中国や北朝鮮、ロシアのウクライナ侵攻などいろいろな問題が起きているけれど、そういうことを見ているとやっぱり対話が大事だなと思いますね。戦争を防ぐには、まず対話ですよね。そこが不足しているということを、すごく今感じます。私はよく憲法審査会の傍聴に言ってますけれども、対話になってないんですよね。みんな自分の言いたいことだけをバーッと言って、こんなのってあるのかなと思います。質問として出されたことに対して、私たちはこう思いますとか言い合うのが対話なのに、言いっぱなしでおしまいになって、そのうちに強行採決しちゃうわけでしょう。教育の問題かもしれないけど、日本の議会も本当に問題だなと思いますね。

山川：民主主義のなかで教育を受けて育ってきたと思ってきたけど、意味もわからず「これが民主主義」と言われてるもののなかにいただけなんです。研究会で話しをしたり気づきがあったときにようやく「こういうのが民主主義というのか」と、遅ればせながらわかるような気がして、こういうことって大事だよねと思うんですよ。どこに行ってもひとこと言いたくなる自分がいて。年齢的に仕事と子育てで忙しいとき、ずっとその状態で進んできますよね。でも元気だったら、五〇代、六〇代になって、もうちょっと物の見方が変わったり、子どもや仕事にかける時間を世のなかの流れとかこういう社会運動に目を向けたら、いい年代ってあるんだなと思うんです。周りを見ると昔ほど噂話で明け暮れる人はいないけれども、もうちょっと世のなかに目を向ければ違うのかなと思ったりするので、期待はしないけれど、自分に期待はしています。

●そして誰でも参加できる

暉峻：私たちの会に来ると若い人もいますが、歳を取った人が多いと言われるんです。若い人が入ってこないことが悪いことのように言う人もいるんですけれど、でも今言われたように、歳を取ってはじめて子育てなどから解放されて社会のなかに個人として入っていくことができるようになるのが、いわゆる「初老」「熟年」という時代ですよね。たとえば私の近くに、ある自動車会社に勤めている人がいて、その人によると、その家庭が生協に入っているかどうかまで会社が調べるそうなんです。だから、生協は悪いもの、少なくとも会社の方針には反する団体だと認識されている。生協に入っている人は安全なものを食べたいということで加入しているだけなのに、会社のほうはそこまで調べている。私はリタイアした人というのは、やっと自由になれた人だと思う。だから自由になった人が自分の人生の経験をもう一遍振り返ってみて、率直に意見が言える会というのはすごくいい会じゃないかと私は思っているの。「老人が多いのですね」なんて言われると「そうよ、だから本当のことが言えるのよ」と言うの。

山川：吉原先生が高校生を連れてらしたことがありましたよね。そのときに「感想は？」と聞いたら「お年寄りが多いので、お年寄りになってもこんなに勉強しているのかと思ったらびっくりしました」って（笑）。

暉峻：そうそう（笑）。そのあと「俺はね、もう高校を出たらそのあとは勉強しなくていいって先輩から聞いていたから楽しみにしていたのに、あの歳になってもまだ勉強しなきゃいけないのかと思ったらガッカリした」と。

山川：その人はきっと他にやりたいことがあるのね。

暉峻：ただこういうことも言ってましたよ。「自分は高校生だけれど、周りには発言することについてネガティブな空気がある。ただこの会に来たら、みんなが若者に話をしてもらおう、話を聞こうとしている雰囲気をすごく感じた。そういう雰囲気を経験したのは自分ははじめてで、どんなたどたどしい変なことを言ってもみんなが一生懸命に若者の言うことを聞きましょうという空気で、それはここに来るまで感じたことのない雰囲気だったから、それが印象的でした」と。

小沼：そういう場って大事ですよね。

山川：そういった意味でもやっぱり、何かきっかけを作って若い人に来てもらわなくっちゃね（笑）。

暉峻：話が少し違うけれど、経産省の国家公務員が持続給付金をだまし取ったという事件について、結局あの人たちも国家公務員のエリートですよね。その人がそういう判断すらできないのかと。だって持続給付金を受けなければやっていけない会社でも、もらえなくて困っているところがある。それからシングルマザーのお母さんがパートで首を切られたり、時給を少なくされて困っているって新聞にしょっちゅう出ている話ですよね。それを見ていると、それこそボーナスもあり退職金もあるという人たちが、なおまだ不正を働いて平気なのかと。

小沼：中学・高校は蹴落としてもいいから自分が上がっていくということが叩き込まれている感

じでしょ。それがつながっちゃうんじゃないかな。

暉峻：だから今の政治家も旧統一教会から票をもらえるなら手段を選ばない。彼らの判断基準自体が狂っちゃっている社会。それが私は恐ろしくて、そういうことを平気でやる人が多くなったら戦争を始めることだって平気になりますよ。

大六野：今回の東京オリンピックのワイロのお金のことも同じでね。結局、準公務員なんでしょ？それにもかかわらず、平然と闇のお金が動き回っている。

暉峻：法律というのは最低限の決まりなんですけれども、それ以前に周りの状況から判断して、そんな良心的じゃないことをやってもいいかどうか自制が働くのが普通の人間なんですよ。それがともかく金儲けや地位を得るチャンスさえあれば良いも悪いもない、そういう時代になっているというのがすごく怖い。

大六野：東京にオリンピックを誘致した安倍さん自体「フクシマはアンダーコントロールできています」と、世界に嘘をついたわけでしょ。

山川：安倍元首相の国葬問題にしても、岸田内閣の軍事費の増額方針にしても首相の判断で決められた。どうやったら取りやめられるんでしょうね。

大六野：毎日のようにデモだとか集会だとかね。

山川：やっぱり声を出すのが大事よ。

暉峻：岸田さんがもし人の声に耳を傾ける首相なら、国民の半分以上の反対がある国葬を国会にも諮らずになんでやるのか。理由がわかりませんね。

大六野：閣僚の政治資金問題や旧統一教会との癒着などすべては後手後手で何も決められないくせして、あれだけは早く決めちゃってね。

暉峻：森友学園問題で自殺に追い込まれた近畿財務局職員の赤木さんの遺族の裁判では、認諾という制度を使って法廷で明るみに出ないように口封じをしちゃったわけですよね。認諾のために払うお金が一億七〇〇〇万円、安倍さんの国葬は一二億円台半ば。コロナ禍で職を失った人や給食がなくなった子どもたちのために私たちの税金を使ってほしい。

ところで九月（二〇二二年）の研究会は勝手に期待しているのですけれど、たぶん旧統一教会問題がテーマなので、すごく深刻な研究会になるんじゃないかと思っています。私たちの会は今一番問題になっている事件も取り上げるし、そうじゃない、たとえば田舎の古い民家の文化的歴史的保存問題なども取り上げるという多様な会だと私は思っていますが、「対話的研究会」のこれからについてどのように考えていますか？

この「対話的研究会」の次に続こうとする世田谷区や神奈川などの動きがあり、山田さんの団地での会もそのひとつですね。

山川：山田さんの会の名前はなんていうんですか？

山田：discussion の「ディスカス」というんです。たとえば「対話的研究会」はもう一三〇回以上開催しているわけですが、やはり続けるということが大事だと思いますね。

●研究会をこれから豊かにしていくために

暉峻：私は、小沼さんが本当に献身的に地域の問題に関心を持ったり、憲法審査会の傍聴に行ったりしていて、とても感心しているんですが、この会のこれからということについて考えておられることがあるのじゃないかと思いますが、いかがですか？

小沼：とにかく一人ひとりが一番肝心なことを提出していって話し合うことを継続していくことでいいような気がしているんですよね。

大六野：延べ人数で言ったら相当の人が入っていらして、気づいたら出て行っている人もいる。ある意味で自然体なのがいいのかな。あんまり強制して絶対来なきゃダメよ、みたいなのではなく。

暉峻：転勤や、勤務している学校の時間が変わったとか、あるいは「もう結構」と卒業した人など、いろいろな理由があって参加しなくなる人がいるわけですよね。でもこの会は大学と違って四年いれば卒業というものではないから、自発的に参加する人もいれば、やめていく人もいる。入学と卒業が自然体でできているのであって、やめてしまう人がいてもそれはそれで構わないと思う。

大六野：来るものは拒まず、去る者は追わず、ですね。

山川：通知表もないしね（笑）。長くやっていると習慣的に月の第一木曜日は研究会に来る日ってなるじゃない？　だから私は抜けずに根づくというのもある。

大六野：この前にも、突如この会を知って来たいと思って仕事終わりに駆けつけた人とかいましたよね。お父さんに勧められたから来たという方とかもいたり、そういう何かのきっかけで「来てみたい！」と思って、飛び込みで参加される方も多いですよね。

山川：やっぱり継続していくということが大事ね。

暉峻：孫崎亨さんの講演会に参加してくださった人のなかに、会の雰囲気が合いそうだからということで研究会のほうにも来てくださった人がいた。その人のお知り合いが、その人は最初れいわ新撰組のビラを配りに来たというので、政治に関心があるのだろうと思って、孫崎さんの講演会に来ませんかと誘ってみた。それで終わりと思っていたら、「そのあとの研究会も出たいけど」と言われて、「どうぞどうぞ、うちは誰でも来ていいですから」と。

大六野：「自分はお話しすることはすごい苦手なんですけど」とおっしゃっていたわりにはたくさん話してくださる。

暉峻：いいことを話してくださる。そういうふうに自然に入ってきて、自然にやめるっていいことじゃないかしら。

私個人の考えでは、この会でみんなが自分の関心を持っていることを話すだけでは少し足りない。ある分野のエキスパートを、たとえばこの前の都立病院の看護師さんなど、その人しか話せない、コロナ感染患者の受け入れや、その後のことなどそういう人を連れて来て、この会ではできなかったことを新たに勉強していきたいと思っています。

それからこの会の風通しをいつもよくしたい。だから講師も偏りなく、研究会の中だけで議論するだけでは足りないという人を呼ぶ。ありがたいことに、声をかけた人に断られたということがないのです。研究会の成り立ちを話して、最初から薄謝しかありませんということを言っておくんですが、だいたいみなさん引き受けてくれます。講師としても、ただ大勢集まって講演料をたくさんもらえるというのもいいのかもしれないですけど、顔を合わせて生の声がみんなから聞かれる会というのは、やはり楽しいんじゃないのかなと思いますね。雑誌『世界』編集長の熊谷さん（当時）が講演のあとでメールをくださって、「普通、真面目な会に行くと暗い感じを受けるんだけれども、『対話的研究会』は会全体がすごく明るいという感じを受けて、珍しい雰囲気だと思った」と教えてくださった。

●オンラインではなく、直接対話することこそ大切

小沼：この研究会は直接会って対話することがとても大切ですよね。

暉峻：今は親しい人との間でこうした話をする機会が少なくなってなかなかできないですよね。私がベルリンで住んでいた大学の教師用のアパートは玄関のところに自分がやりたいことについて住民がお知らせの紙を貼れるようになっていて、「次の日曜日に天気がよいから一緒に散歩に行きませんか？　○○時に○○に集合。お皿とフォークだけ持ってきてください」と書いてある。それに参加するとお茶とかケーキとか出て、そのうちにカンパ袋が回ってきて「払える人は払ってください」と。そういうところに参加すると自由にいろいろな話が聞ける。日本人って本当にかわいそうというか、子どものときから私たちが自然に持っている「話したい」「聞きたい」という要求、

そういう機会が全部奪われてしまっている。そういう社会が日本の社会だなと思いますね。

明治時代に急速に国家という統一体を作って、教育勅語で教育の方針が最初から決められしまった。どうやって自然な人間の対話に戻していけるのかなと考えますね。オンライン会議も、やらないよりはそれが便利だということはあるけれど、やっぱり人間の本来の感覚的な満足、参加しているときに他の人の表情はどうだったのかなとか、他の人が話しているとき、あの人はずっと下向いていたけど、おもしろくなかったのかなとか、そういうことがわからないですよね。

山川：オンラインで会議をやっていると、頭の中にあまり残っていかなくない？　その機会が多ければ多いほど、それぞれの印象が薄くなって、全部残りっこないものね。

小沼：誰もいないところで話すのはいやよね。

大六野：よく就職の面接をオンラインでやっているんでしょ。あれもおかしな話よ。

山川：医療もオンラインで診察や治療をするのは信じられないよね。

暉峻：論理的に考えている脳の領域と、感覚的に捉えている脳の領域は分かれているわけだから、そのひとつを働かないようにして片方だけでやろうとしているのは、すごく病的だと思う。オンラインの声って人間の自然な声ではないでしょう。対面して聞く声とは全く違う。

今「戦争広告代理店」という商売があるけれど、広告会社が戦争になりそうな国を調べ上げているんですよね。どこで戦争が始まれば、儲かるのかしか考えていない。だから私は憲法改正の国民投票があったときには、そういう広告代理店に政党がお金を出して抱え込めば、みんなを改悪のほうに引きずっていくことは十分できてしまうと思う。今は細々と立憲民主党が広告規制をしろと言っているけれど、自民党はぜんぜん耳を貸さない。憲法を変えたいという人は政治家でも財界でもある程度はいるから、その人たちからお金を集めて、広告代理店のように世論を変えるノウハウを持っている人たちを抱え込めば、世論を変えることはできると思う。だから、投票になる前が大事だと思う。

メディアやマスコミはそういう時代にいるという自分たちの使命をもっと考えて日頃から正しい事実と根拠に基づいた批判的記事を出していないと。今は世論を操って誘導することは広告代理店を雇えばいくらでもできる。だから一人ひとりが判断力をしっかり持つということからやっていかなければダメですよね。うちの研究会はそのために作られた会ではないですけど、広告代理店や旧統一教会なんかに動かされない、自分の意見を持った人たちが勉強しようと参加してきている。その意味でもこの会はいい役割を果たしていると思います。

山川：私たちが真面目に税金を払いすぎるからいけないんでしょ、お金が集まっちゃうから（笑）。どうやったら税金払わずに済むか。

暉峻：そういう人が出てこないように払わない人に対する罰の制度がすごいですよね。滞納者に対する罰金としての延滞利子はすごく高いでしょ。払わないでいたらすぐ元値の倍くらいになっちゃう。税金を払わないとその人の預金が凍結されて差し押さえられちゃう。「銀行から全部引き出して預金がありません」と言うと、次は家を差し押さえするので、出ていかなくちゃいけなくなって、ともかく追い詰めて絶対逃れられないようにする。大金持ちは税金を払わないで済む税金回避地（タックスヘブン）に資産を移転する。問題は払わないということよりも政治を変えていくことですね。

●個人がそれぞれ自分の体験を積み重ねる場として

暉峻：それぞれの個人が、自分の体験を積み重ねる、そうした場が日本人の場合、いかに制限されているのかと思うんですよね。夏休みというのは学校とは違う経験を積み重ねるための時間だから宿題なんか出さないで、「あなたたちが学校では経験できないことを自由に経験してください」と民主主義国の教育ではなっている。日本のように宿題ばっかりで、いろいろ経験させないようにさせてしまうから、地位のある人の非常識な発言も出てくるのだろうと私は思うんです。

ひとつのグループが永続的にいい雰囲気で活動していくときには、その中核になる人たち——うちでいえば世話人会——が、理屈じゃなくて、個人的に魅力がある人がけっこういると思います。だからイギリスで、シティズンシップ教育というのはそういう人間になれということを言っているの。学歴とかではなく、たとえば人のこころがわかるとか、自主的によく勉強しているとか、人格にそなわるひとつの価値というものを大事にして、それを身につけるのが教育である。だから、ギャップイヤーといって高校を出て、大学に行くまでの間に半年時間をおくというのもそうした魅力を身につけるために、これまでの勉強が自分にどういう意味があったのかということを考えて、その間外国に行くのでもいいし、タクシーの運転手を経験してみるというのでもいいし、農家に雇われるというのでもいいから、勉強はいったい自分の人格にどんな意味があったかというのを確かめてみる時間を与えているわけですよね。

私がドイツに行く前にドイツの先生から、「よその国に行けば習慣の違いとか困ることがあるから、そういうときには Kötten Sie mir helfen?（助けてくれませんか?）と言え」と言われたの。そしたらドイツ人は絶対に助けてくれる。それで私はその言葉を頭に入れておいて、あらゆるところでまずはそれを言う（笑）。

たとえば、郵便局だったら「それはこうしたほうが安くすみますよ」というのを三人くらいが集まってきて一生懸命教えてくれる。町で道がわからなくなったら、すぐ誰かに Köntten Sie mir helfen? というと「あなたが行こうとしているのは……」といって教えてくれる。

ドイツのバスは停留所の場所がはっきりしてない。ドイツに行くと長期滞在者は警察に届け出に行かなくちゃいけない。届け出るにもバスの停留所がどこかわからなくて、バスに乗ってすぐ運転手に「ここの警察に行きたいんだけれども何という駅で降りればいいか」と聞いたんです。そしたらバスに乗っているお客さんが二、三人集まってきて、「それは○○で降りるんだよ」と教えてくれたんです。そしてバスを降りて警察まで歩いて行くと、今度は入口がわからなくて迷っていたら、うしろから咳払いが聞こえてきた。振り返るとバスの乗客の一人が、私が降りたあとも心配で一緒に警察まであとをつけてきてたの（笑）。それで「入口が違う。入口はあっち」と教えてくれて、私が警察に入っていくのを確かめてからその人は帰っちゃったの。だから、干渉はしないけれど、その人が困ってて「助けて」といえば、銭金のことは関係なしに助けるような教育ができている。

小学校の授業を見学させてもらったとき、一年生に先生が「神様は人間をわざと不完全に作りました。助け合うことの大切さを知るためです。あなたたちも困ったことがあったら、いつでも『助けて』と言ってください。助けてと言うことは恥ずかしいことではない」と言っていました。日本では「他人に迷惑をかけるな」とか「遅刻するな」とか「決まりを守れ」とか、そういうことが大事だと教えられますね。

●ともに生きる

大六野：今回あらためて『対話をちからに』を読んだときに、最初に池田さんの娘さんが対話的研究会のメンバーだったお母さんのことを書いていました。池田さんの最後の発表のときはちょうど音楽室でやったんですよね。そのときに私が司会をしたんです。その時の池田さんは、がんで亡くなられる直前の発表でした。最後の研究発表をしてお別れしたいというご本人の意志だったんです。もう目もよく見えなくなって大きな太い字で原稿を書いていましたね。その会のときに暉峻さんが美しいピアノ曲を演奏してあげて、その後みんなで「はるかな友に」という合唱をして池田さんの会を盛り上げてあげたというのを、今回たまたま思い出して、あの会はすごくよかったなと思いました。

池田さんが、身体ががんの末期症状で大変なときでも、にこやかに一生懸命ご自分で原稿を起こしてお嬢さんがパソコンで清書してあげて、それで発表したというのを思い出したら読んでいてジーンときちゃった。（池田さんの）お通夜にも行ったんですよね。研究会を一度も休まなかった池田さんのことをすごく思い出して、彼女にとっては本当にこの研究会というのは人生そのものだったんじゃないかなということを切に感じて。硬い研究会だけじゃなくて、そういう人間的な友情に満ちた会もあったんですよね。

暉峻：あの時は池田さんとお会いする最後のチャンスで、それも転勤とかではなく池田さんの身体がもたないギリギリのところだというのはわかっていたんですよね。ところが、出席者に女性が圧倒的に多くて、男性は三人くらいしかいなかったんじゃないかな。それで遅れて野沢さんが来たんですよ。「最後のお別れなので、そのことを言葉には出さないけれども、一緒にコーラスをしたりピアノの演奏をしてあげたりして、『研究発表ありがとうございました』と言って、言葉ではどうぞいつまでもお元気でね、という形で別れたんですけれども、そういう気持ちって男の人にはないのかしら?」と野沢さんに言ったの。そしたら野沢さんはね「いや、僕の考えではね、男って案外気が小さいんです。そういう場でどうしたらいいのかわからないから、出席をためらう」と言っていた。「あ、そうか」と思って。

本当は池田さんが最後の力を振り絞って、研究会の発表だけでもしたいと言っていたから周りの人がその気持ちを汲んで一生懸命発表ができるように、彼女の願いをかなえてあげたわけですよね。私だって「がんが大変なんですよね」なんていう言葉は言えないので、「はるかな友に」という歌を歌ったんです。女性はそういうことを自然に感じるのに、男性はぜんぜん出てこない。いつも男性は半分くらいいるのにどうして出てこないのかということが、そのときの私のわからない気持ちだった。野沢解説によって、そういうことだったのかと。

大六野：男性はお医者さんに一人で行けないというよね。

暉峻：そのあと池田さんの娘さんから、「研究会が新聞で取り上げられたときの写真をお棺のなかに入れました」という連絡をいただきましたね。たまたま池田さんの顔が大きく映っていて。それくらい彼女にとって研究会は大事な存在だったのよね。

山川：お会いしなくなった人たちもみなさん元気でやっていらっしゃるかしらね。

大六野：私たちはこの会が続いている限り健康だね。

山川：そうかもね。何があっても第一木曜日は行かなくちゃってね。

山田：私が団地でやっている会で一年くらい使っているキャッチフレーズがあって、それが「時代に生きる、時代とともに生きる」というものです。このキャッチフレーズをどうしてつけたかというと、「時代に生きる」というのは、われわれは今、どういう時代に生きているのだろうかということをみんなで議論して認識を広げたり深めたりしようということ。そして「時代とともに生きる」というのは、どういう時代であったとしても主体的にかかわってこの時代とともに生きていくという意思を、このディスカッションの場のなかから作っていこうじゃないかということ。

今問われていることは何かというと、「日本を立て直すこと」だと思う。だから今どういう時代かということをみんなで議論しあって、時代に対する認識を深めて、そういう時代だからこそなのか、そういう時代であるがゆえなのかはわからないけれども、この時代とともに生きていく。主体的にかかわって生きていくということはどういう生き方をしていくのかということを、このディスカッションのなかでそれぞれが学んでいくことじゃないですか。そういう思いを込めて「時代に生きる、時代とともに生きる」。

研究会に来ると団地の会よりももっとバリエーションのある人たちの話が聞けるので、今の時代がどういう時代なのか、そのなかで主体的に生きていくということは何をしなければいけないことなのかということを学ばせてもらっています。

山川：本当に難しいですよね、主体的に生きていくって。

暉峻：そうですよね。でもそれが一番生きがいのあることでですし、生きているしるしですよね。前にも話したことがあるけれど、ドイツの先生に出会ったときに、「あなたの教育の目的はなんですか」と聞いたら「一人ひとりの子どもが自分の価値に目覚めることです」と言ったんです。一人ひとりが主体的に生きることを教育は助けようとしているんですよね。

大六野：こういうふうに生きたいとか、生きようというちょっとした努力とか思いを持つだけでも研究会に来ている甲斐がありますよね。

山田：よく考えてみると、踏み込んだ話というのは普段はあまりしていないんですよね。しなくても過ごしていけますから。他者とのコミュニケーションの取り方というのが、教育でトレーニングできていなかったから大人になっても踏み込んだ話というのはできなくて、当たり障りのない話で日常はすんでいる。だからこそ先ほど言った、「時代に生きる、時代とともに生きる」ということを自覚的に、主体的に考えていくということを考えていく必要がありますよね。

暉峻：それが人間として生きているしるしですよね。

（二〇二二年八月二〇日実施の座談会を元に再構成）

第3章 私の考える対話

対話の場を求めて
――日本語教師の仕事を選んだきっかけとその後

伊古田　絵里

旧ユーゴスラヴィアで開かれた目

一九九五年一月、暉峻淑子さんの経済制裁下の旧ユーゴスラヴィアへの救援活動に参加した。当時、大学三年生で日本近代文学を学んでいた私は、たまたま救援の話を耳にしたものの、国際政治に強い関心があったわけでもなく、単なる旅行では得られない学びがあるだろうという好奇心から思い切って手を挙げた。「経済制裁」も「ユーゴスラヴィア紛争」もニュースの中で目にする言葉に過ぎず、ヨーロッパの火薬庫で内紛が起きているが、経済制裁という人道的な手段で国際社会が解決に向けて尽力しているのだろうと感じていた。

寒いベオグラードの病院に医薬品を運び入れた際、その荒廃に戸惑った。壁には銃弾の跡があり、壊れた窓から風が吹きすさび、寒さと緊張とで身が縮んだ。医薬品が置かれているべき棚は空になっていた。救えるはずの命が失われていくと、苦悶の表情を浮かべて医師や看護師の方々は説明していた。また、訪問先ではどこへ行っても出会うのは、紛争前には私と同じように普通の生活を送っていた人々だった。印象的だったのは、日常を奪われた人々が、制裁を下す側から来た私たちに対して、恨みがましいことを一切言わず、温かく迎えてくれたことであった。また、家族や近所の人同士が助け合い、お互いを尊重しあっている姿があった。この救援に参加して得た気づきは多々あるが、その中の一つは、紛争で命を奪われる悲劇にも、経済制裁で苦しめられる悲劇にも、そこに私が知らない間に関わってしまっていることであった。制裁に参加しているということは間接的に他者の悲劇を引き起こしている。衝撃は大きかったが、人々が明るく優しく迎えてくれたことが何より大きな勇気づけとなった。また、団長である暉峻淑子さんは人間の本質的な部分での共通性に常に心を向けた話をされるので、素直な気持ちで共感できた。

飛び込んだ日本語教育の世界

救援では常に通訳者がいたが、その中に、まだ大学で日本語を学んでいる女性がいた。この時に初めて、海外で日本語を学ぶ人に直接会うことができた。外国の人と同じ目線で話ができれば、ニュースというフィルターなしで、世界を見ることができるのではないかと感じた。そんな場に身を置ける仕事をしたいと思った。得られる情報がどんなに中立的な報道によるものであっても限界はあり、その情報が自分たちの正当性を成り立たせてしまい、無関心でいることを是認してしまう部分がある。日本は中立だ、日本は平和だ、という自己弁護に甘えてしまっている。当時、大学では日本語教員養成課程があったが、日本語学習者を具体的にイメージできずにいたため、修了しても仕事として活かせないだろうと履修せずにいた。しかし、冬休み明け初日に思い切って担当教員の研究室のドアをノックし、本来は二年次に始める課程を四年生から履修したいと申し出た。

卒業後も紆余曲折あったが、近所の専門学校の日本語クラスで教え始め、翌年、一九九八年に青年海外協力隊員として、民主化移行後のブルガリアの古都ヴェリコ・タルノヴォ大学に赴任した。青年海外協力隊に興味をもったのは、ノックしたドアの先生の影響であり、海外の途上国での開発教育としての日本語教育に興味をもったからである。大した経験もなく飛び込んだため、不安も大きかったが、温かく迎えられた。未熟な教師であり、教えたことより教わったことのほうがはるかに多い二年間であった。日本は遠い国であり、日本語を学ぶことが彼らの将来に直結した恩恵があるわけではなかった。しかし、彼らが異文化を楽しそうに吸収する姿に励まされ、授業の内外に対話のチャンスがあり、お互いをわかり合おうと努められたのは貴重な経験だった。

同様に、二〇〇二年に国際交流基金派遣でモンゴル国立大学外国文化外国語学部に赴任した際にも授業という対話の場のありがたさを強く思った。モンゴルは同じ東アジアに位置し、道路建設などの目に見える形の開発援助も多く、相撲の世界でのモンゴル人力士の活躍なども後押しし、親日国である。日本語学習や日本留学が依然として将来にプラスをもたらすものであったため、日本語学習機関も多い。類似点も相違点も含め、吸収しようという彼らの熱意は対話的な姿勢によるものであり、多いに学ばせてもらった。

世界に広がる日本語での対話

今は国内の大学で留学生[2]に日本語を教えている。現在、世界には三七九万四七一四人[1]の、日本国内には一二万三四〇八人の日本語学習者がいる。母語でない日本語で対話しようとする方々がこんなにも多くいるということを嬉しく感じる。この二〇年で私が接する留学生もずいぶん変わってきている。学生たちの学習動機も変化しているが、それでも、外国語を自分の言葉としていく人々の手伝いができるのはありがたいことである。世界の平和はお互いを同じ人間として受け入れていくことで実現していくものだと思う。他者に関心をもち、対話をしていく。その実現にほんの少しでも自分が関われるのは幸福なことである。

（1）国際交流基金（二〇二三）「海外の日本語教育の現状　二〇二一年度海外日本語教育機関調査より」
https://www.jpf.go.jp/j/project/japanese/survey/result/survey21.html#report

（2）文化庁国語課（二〇二二）「令和三年度国内の日本語教育の概要」
https://www.bunka.go.jp/tokei_hakusho_shuppan/tokeichosa/nihongokyoiku_jittai/r03/93753802.html

（いこた・えり）

知的障害のある人との対話で見えたこと

黒川　真友

緊張状態の日々

太田さん（仮名）との初めての関わりは、障害のある人が働く作業所に私が新人として着任して二日目のとき。太田さんは、重度の知的障害があり、音声での言葉はなく、思いは表情や体で表現する人です。先輩職員に、「太田さんの見守りをしておいて」と言われ、「見守り」がなにをすることなのかわからず、とりあえず太田さんの後ろにくっついていました。すると太田さんは作業所の外に出て、道路を歩いて行きます。すぐに戻るかと思いきや、作業所から離れてしまい、これはまずいのではないかと思った私は、「作業所に戻りましょう」と声をかけました。そのとき、太田さんにいきなり髪をつかまれ、腕をひっかかれ、服を破られてしまいました。私はなにが起こったのかわけがわからず、「痛い」と叫んでいました。その声に気づいた先輩職員が慌てて走ってきて、助けてくれました。私は自分の関わりのなにがダメだったのか、よくわからず、体の痛みもあって混乱した状態でした。それから太田さんとの日々が始まりました。

太田さんは、作業所で午前に缶つぶし、午後から散歩という日課で過ごしていました。缶つぶしは、箱に入れた缶を作業室に運び、手動の缶つぶし器を使って一つずつ缶をつぶす、つぶした缶を箱に入れて回収箱に持っていき、道具を片付ける、という一連の流れを終えたら作業が終了です。でも、太田さんは私の声かけでは一切動いてくれません。庭や他の作業室に行ったりして缶が置いてある場所にすら行ってくれず、「缶つぶしをしましょう」と声をかけただけで髪の毛を引っ張られるような状態でした。だからといって、常にそんな状態ではなく、先輩職員とやると缶つぶしの工程をすべてやりきる姿がありました。私との関係がまだまだできていないことが原因でした。

関係づくりは好きなものから

声をかけると髪をつかまれ、腕を引っかかれることが続き、このままではいけないと感じつつ、どうやって関係をつくればいいのか、わからない日々でした。そんなある日、太田さんが葉っぱを見て笑っているのを見かけ、「風で葉っぱが揺れてておもしろいですね」と声をかけてみました。すると、チラッとこちらを見た気がしました。そこで、太田さんが楽しんでいることを自分も一緒になってやってみようと思い、それからは鏡に反射する光やバスなど、太田さんが声をあげて喜んでいるものを一緒に楽しんでみました。すると、これまで一度も目を合わせてくれていなかったのが、少しずつこちらに顔を向けて目を合わせてくれるようになりました。

その頃から、缶つぶしの作業に入ることができるようになりました。作業の準備をするところから始まり、次には一、二個つぶしてくれるようになるなど、少しずつ進んでいるような気がしました。出会って半年ほどしたある日、缶つぶしのすべての工程を終えることができ、そのときは私と作業をやり切ってくれたことがうれしくて「ありがとう！」と伝えていました。その日を境に、缶つぶしの作業は毎回やり切るようになり、髪を引っ張られることなく、こちらの要望にも応えてくれるようになりました。ようやく、一緒に働く仲間として認めてもらえたように思いました。

心の奥にある思いに触れる

太田さんは、新年度で環境が変化して、気持ちが落ち着かないなか、初めて会った知らない人間につきまとわれて、不安が大きかったと思います。そのうえ、外に出たいという自分の思いを制止されたことで怒りが沸いたのでしょう。そんな新人職員と缶つぶしの作業を一緒にやることになり、この職員は自分に対してどんな関わりをしてくるのか、自分と向き合ってくれるのか、いろいろと試していたのだと思います。そんなとき、自分が好きなものに共感しようとしてくれる、自分と関係をつくろうとしていることを感じて目を合わせてくれたのではないでしょうか。そして、関係がつくれてきたときに、この人が缶つぶしをしようと言うのならやってみよう、今は別のこともしたいけど我慢して一緒に作業しようといったように折り合いをつけてくれるようになったように思います。

太田さんとの出会いを通じて、手が出るという一見暴力的に見える行動に出ても、その心の奥にはその人なりの思いがあること、言葉は出なくてもその思いを理解するために試行錯誤すること、相手とこちらの思いが共有できたときのうれしさ……これらの大切なことを学びました。

太田さんとの関係づくりは、音声言語ではないけれども、一つひとつのやりとりが対話であったと思います。対話は人の心の奥にある思いに触れ、それを理解・共有し、関係を結ぶ過程なのだ思います。

私はこの仕事に就くまで、人と関わることは面倒くさい、人とは距離をとっていたい、感情を出したり触れたりするようなことはしたくない、と思っていました。しかし、太田さんと出会って、人と向き合う姿勢は変わらざるを得ませんでした。福祉現場で仕事をする上では、嫌でも人と関わっていくしかありません。太田さんとの対話を通じて、人の思いを理解すること、思いを共有できたときの充実感を経験し、人と関わることは面倒くさいけれども、そこにある楽しさに気づかせてくれました。そして、感情を出すこともできるようになり、人間らしく豊かに生きることにつながっていくことを学びました。

紆余曲折ありながらも、今の仕事を続けているのは、この太田さんとの経験があったからです。もう一度、太田さんにありがとうと伝えたいと思います。

（くろかわ・まさとも）

人間らしくあるために

――ちょっとしたバカくらいがちょうどいい

川島　隆弘

私はある飲料メーカーで勤務しています。入社して一九年が経ちますが、キャリアの多くを経理・財務部門で過ごしてきました。そんな私が、主に会社組織における「対話」を軸に、半生を振り返ります。

完全さを求めた二〇代

私の周りには公認会計士・税理士といった有資格者が多数おり、俗にいうスペシャリスト集団です。私自身も二〇代の頃は、ただひたすらにスペシャリストを志向して、自分の能力（専門性）を高めることに注力し、周囲に安易に相談するのは恥だと自分に言い聞かせていました。当時は市場価値という言葉が大のお気に入りで、「どこの会社に勤めても活躍できるだけの実力をつける」が口癖でした。

しかし、このような無機質な生き方が徐々にストレスを蓄積させ、ある時ついに爆発してしまいました。二〇一二年一二月二九日のことです。高校の同窓会中、突然、信じられないような動悸が襲ってきて、「このまま死んでしまうのかな」と思ったのを最後に気を失い、救急搬送されました。

　その日以降、密閉された空間に入ることを身体が受けつけなくなってしまいました。会社の会議室、満員電車、レストラン、ありとあらゆる空間がダメになったのです。大好きだった車の運転さえも動悸がしてきて気持ちが悪くなり、何度も助手席の妻に運転を代わってもらいました。生まれて初めて不自由というものを味わいました。その不自由さゆえ、家族に当たり散らしてしまうことが何度もありました。

恩師との出会い――価値観の大転換

　このような辛い日々が二〜三年続きましたが、こんな私を救ってくれたものがありました。それはＫ先生との出会いでした。先生は自動車メーカーにおいて三五年間の会社人生を過ごす中で、行き過ぎた「成果主義」「効率化」「標準化」や、結果として人と人とのつながりが希薄化してしまった職場に疑問をもち、組織風土改革に邁進された方です。会社を退職されて以降も、同じような問題意識をもっている企業や労働組合との取り組みを継続されており、そうした中で私もご縁をいただきました。

　最初の出会いは、伊豆高原にあるＫ先生のご自宅付近の森に囲まれたレストランでした。会うなり、優しい笑みを浮かべながら「君、少し肩に力が入っているねぇ」とおっしゃられた後、「本当のバカにも人は寄って来ないけど、肩肘張って賢そうに振る舞っている人間にも人は寄りつかないですよ。可愛げのある、ちょっとしたバカくらいがちょうどいいし、それこそが人間らしさ。人生、人が寄って来てなんぼですよ」と続けられました。まるで「不完全であれ」と教えてくださっているようでした。二〇代において、自分の完成度を高めることだけに注力するような生き方をしてきた私にとって、これは自らの価値観を揺さぶる出来事となりました。

不完全さを認め、「対話」を愉しんだ三〇代

先生と出会って以降、不完全さの美学のようなものを意識するようになりました。

人間はロボットではありません。一人ひとり、皆、違った個性があります。短所をなくすというと聞こえはいいですが、皆が短所や弱点をなくそうと必死になっている世界は想像しただけで何だか気持ちが悪く、居心地も悪いと思えてきました。その目的は均質化？　まるで人間がロボットを目指しているようです。英語、ロジカルシンキング、ＩＴリテラシー……もちろん、ある程度の素養は必要かもしれないですが、その先は得意な人に任せたらいい。そう考えるようになったのです。

この短所という名の人間の不完全さは、必要以上に修正する必要などなく、補い合いながら生きればいいと割り切ったときに世界が全く変わりました。不完全さの自己開示を通して、多くのかけがえのないご縁にも恵まれるようになりました。そしてその中から、この凸と凹を丁寧に組み合わせていく作業が「対話」であり、これこそがロボットにはない人間の武器だと気づいたのです。不完全な人間同士だからこそ、そこに相手が安心して入り込むことができる隙間が生まれ、その隙間を埋めるものとして対話に価値が見出される。その対話が重層的に重なり合うことで、人間社会全体としての完成度が上がっていく、そのように捉えるようになりました。

また対話には、もう一つの見逃せない効果があります。それは対話を通じて、感謝が生まれるという点です。皆が短所をなくそうと（自分の能力を高めようと）必死になっている世界はギスギスしていて無機質ですが、短所は短所と割り切った上で対話をすることで補い合っている世界には、必ず温かな感謝の連鎖が生まれます。

短所は、対話のない世界では短所のままですが、対話を前提とした世界では、人間関係を豊かにする大きなきっかけとなり得ます。不完全だからこそ、人は誰かに頼ります。頼った人は感謝の念を感じますし、頼られた人は自分の強みを発揮できて嬉しさを覚えます。この感謝と貢献の実感の連鎖はどれほど素晴らしいでしょう。ここにダイバーシティの真髄があるように思います。ダイバーシティの目的は、女性の活躍促進？　障がいをもたれた方の社会進出？　生産性の向上？　それらもあるでしょうが最大の効果は、対話を通じた、感謝に溢れた温かい社会の実現だと思います。

現在、私は英語が大の苦手にもかかわらず、国際部門においてマネジャーを任されています。会社も思い切った決断をしたものです。一方、私のチームメンバーは英語が堪能で、いつも助けてもらっています。彼らには感謝しかなく、その分、自分が得意なことで恩返しをしたいと常々考えています。チームメンバーとの間で、苦手分野と得意分野を交換することを通じて、幸いにもとても生産的で温かいチームができていると感じていますが、この交換も日々の対話がなせる技です。

さて、二〇一一年に体調を崩して以降、一〇年以上継続していることがあります。それは「ウォーキング（一日平均一万歩）」です。最初は健康のために始めたこのウォーキングも、一種の対話なのかもしれないと最近思い始めました。何かと慌しい現代ですが、ようやく暇な時間ができたと思えば、多くの人がやるのはスマホいじり。実は現代人が最も苦手なことは、ゆっくり自分自身と対話することなのかもしれません。歩きながら自分自身と対話する時間。この時間が私に人生の充実を与えてくれています。

旅先の熊本県山都町にて、一本のイチョウの木を眺めながら、心に思います。「四〇代も他者や自己との対話を愉しもう。せっかく人間なんだからな」と。

（かわしま・たかひろ）

子どもの教育問題と対話

君垣　圭子

市民討議（ミニ・パブリックス）との出会い

五年ほど前、暉峻叔子さんに紹介していただき、日本ミニ・パブリックス研究フォーラムと出会いました。市民討議とは、無作為抽出された市民が、あるテーマについて討議し、政策決定していく手法で、日本でまだあまり活用されていないこの方法を普及する活動をしています。

二〇一二年三月のフォーラムでは、前年に行われた「気候市民会議さっぽろ二〇二〇」の報告会がありました。札幌市民の中から無作為抽出で選ばれた一〇代から七〇代の二〇人の市民が専門家の情報を受けながら、地球規模で課題となっている脱炭素社会に向けて、市民がどのような取り組みをするべきなのか対話を通して提案し、市が計画策定の参考にするというものです。「参加して初めて地球環境の現状を知った」という方がいることは無作為抽出ならではの効果でもあります。利害関係なくさまざまな立場で多様な意見が出され、形ばかりの「ご意見を伺いました」という協議会とは明らかに違います。参加者も年齢問わず自身が一市民であることの認識が深まると思います。最近では二〇五〇年に二酸化炭素排出量ゼロを掲げる「ゼロカーボンシティ宣言」をする自治体が増え、武蔵野市をはじめ気候危機市民会議を開催する自治体が全国に広がっています。

この市民討議は練馬区でも広げていきたいと考えていますが、その時に子どもや若者も参加して、より広い年代の意見を出し合える場になるとより効果的だと思っています。

私は教師をしていたこともあり、教育問題や子どもの権利について研究するいくつかの団体に所属しています。その活動の中で子どもの権利条約にある「子どもの意見を表明する権利の保障」が今特に重要だとされているにもかかわらず、日本の教育の現場ではむしろないがしろにされていることに危機感を抱くようになりました。

「主体的・対話的で深い学び」とは

つめ込み型だった日本の教育はゆとり教育へと転換して土曜日を休みにしましたが、今度は子どもの学力の低下が問題とされ、二〇二〇年に「主体的・対話的で深い学び」へと見直されました。

中央教育審議会では「加速するグローバル化の社会の中で、一〇年後を見据えて子どもたちが主体的に学び、自ら能力を引き出し、多様な他者との協働により、よりよい社会と幸福な人生の創り手となっていけるようにすることが重要」と示しています。しかし「よりよい社会と幸福な人生の創り手」とは何を基準に言うのか、大人にとって都合の良い社会形成のために子どもたちを造り上げようとしているのではないかと危惧します。

道徳の教科化について

二〇一八年、義務教育で取り組んでいた「道徳の時間」が「特別の教科道徳」となり、教科書を用い、評価もつけるようになりました。その背景にはいじめの問題の深刻化があり、文科省は「多様な価値観の存在を認識しつつ、他者と対話し協働しながらよりよい方向を目指す資質・能力を備えることを目的とする」としています。

そして道徳の授業が「主体的・対話的で深い学び」の主な実践の場となっています。道徳の授業で子どもたちに身につけさせたいとする項目を見ますと「誠実、節制、努力、親切、感謝、礼儀、家族愛、先生を敬愛、勤労・公共の精神、伝統と文化の尊重、国や郷土を愛する態度」などが掲げられています。時代が遡ってしまったかと思わせる項目です。

教科書は項目を取得するために参考となる物語を題材に作成されています。その物語を読んで子どもたちが自分の考えや感想を出し合います。本来なら正解はなく一人ひとり感想は違って良いはずですが、どう答えると模範解答になるのか子どもたちが先読みしてしまい、この教材で大人の価値観を押しつける授業が展開されても自己肯定感が生まれるとは思えません。

日常生活の中での対話

日本の子どもの数学や科学の学力は世界各国の中でも常に上位ですが、自己肯定感については下位が続いています。また子どもや若者の自殺が多く、特に小中学生の自殺が増加していることは異常であり、大きな問題です。二〇二二年四月から成人年齢が一八歳に引き下げられましたが、政治への無関心、投票率の低さも課題となっています。

日本では社会で起きていることについて、子どもの頃から家族や学校で対話する機会が圧倒的に少なく、大人が子どもを社会の一員として見ずに「子どもは口を出すな」「子どものクセに生意気言うな」など子どもは付属物扱い、意見を聞くことが尊重されていないことも問題だと考えます。まず大人の意識を変えることが必要です。

私は「まちづくりは子ども・若者参加で。子どもや若者の意見を聞くこと」を常に提案しています。

自分たちの周りで起きている出来事に関心をもち、家庭で、学校で、社会のさまざまな場で相手の意見を受け止め自分の考えも伝える対話こそ生きた教材であり「主体的で対話的な深い学び」だと思います。そうした環境の中で「自分の存在が認められているのだ」という自己肯定感につながるのではないでしょうか。そして市民参加のまちづくりがもっと活発になり、より有効になるはずです。

（きみがき・けいこ）

大切なのは、性別よりも生活者としての働き方——対話的研究会で得た気づき

野沢　昭夫

「妻の献身」

「典型的な亭主関白として、まい進してきた」「妻がずっと支えてくれた」「家事は一切やらない」……。そうした言葉を口にすると、「社会のジェンダーバランスを図っていく時代に、ふさわしくない」と受け取られ、批判の的となりかねません。でも、いずれの発言もメディアは肯定的に伝えていました。近年、ノーベル賞を受賞した日本人や、その家族が記者会見などで発した言葉です。立派な功績を挙げた人たちが、家事育児よりも仕事に没頭してきた体験を語り（記者会見などで質問を受けて語らされ）、テレビや新聞は美談のように扱う。そうした報道が繰り返されてきた気がします。

「研究ばっかりやっていたのですけど、我慢して許してくれていた」（二〇一五年物理学賞の梶田隆章さん）「良い家庭人だったとは言えないが、妻がずっと支えてくれた」（一六年生理学・医学賞の大隅良典さん）

もちろん受賞者やその家族に非はありません。当然ですが受賞そのものは喜ばしいことですし、

実績も素晴らしいの一言です。ただ、日本人が受賞するたびに、メディア報道で「内助の功」が強調される傾向には違和感があり、「またか……」とげんなりします。

せっかく研究者の方たちが注目を集める機会なのだから、もっとジェンダーの視点を意識し、建設的に報じればいいのにと思うのです。理系の分野で活躍する女性研究者があまりに少ない日本の状況。理系に進む学生のジェンダーバランスに極端に偏りがある理由。研究現場の実態や性差を巡る課題を掘り下げ、広く問題提起するチャンスのはずです。

「妻の献身」が強調されるのは、ノーベル賞報道だけではありません。業績を伸ばした企業の社長、高校野球の甲子園大会で優勝したチームの監督……。実績を上げた男性をたたえる際に「家事や育児は妻任せ」という実生活が、武勇伝のように紹介される例は珍しくない気がします。でも妻が献身的に支えたエピソードが強調されると、共働きやシングルマザーの人たちは、どう受け取るでしょうか。

偏りある発信

意識して新聞やテレビを見ると、そうした男性目線の表現が目につきます。必要以上に「女子」という言葉を使った記事や番組。料理をするのは決まって女性という、性別役割分業を無自覚に描いたようなイラスト。新聞のオピニオン欄を開けば男性の識者がずらり。テレビの報道番組の解説役（コメンテーター）は、決まって中高年の男性。おじさんの話を若い女性が聞く構図が、当たり前のようになっています。性別による役割分担の弊害や性差別が、これほど社会問題になっているのにです。いまだに「男性は仕事、女性は家庭」という価値観が根強いからだと思えてなりません。

そうしたジェンダーに偏りのある情報発信が、なぜ繰り返されるのでしょうか。新聞やテレビという旧来のメディアが、男社会だからというのも理由の一つでしょう。業界で役員や管理職といった意思決定層に占める女性の割合を見ても明らかです。新聞協会や民放連のデータを見ますと、新聞・通信社の管理職に占める女性の割合は、わずか九・四％（二〇二一年度）。民放各社は一五・三％です（二〇二一年七月現在）。その結果、記事や番組は「中高年の男性目線」に寄りがちで、ジェンダーに偏りのある情報が流され続けるという構造がある気がします。

メディアに限ったことではないでしょう。「世界経済フォーラム」による「男女格差報告」の二〇二三年版で、日本は世界一四六カ国中一二五位。日本の社会全体がジェンダー平等が進んでいないのです。一方で、私が違和感を抱いたように、情報の受け手の意識は変化しているのも事実です。「男女共同参画社会に関する世論調査」（内閣府）では、女性の働き方について「子どもができても、ずっと職業を続ける方がよい」と答える人が増え続け、二〇一九年調査では、男女とも六割前後に上っています。

だから、社会のさまざまな分野で、もっと女性が働きやすい環境を整えるべきだ――。ノーベル賞報道を例に挙げながら、私は一人の視聴者・読者として、そんな意見を対話的研究会で発表しました。参加者の人たちからは「単に女性が増えればいいのか」といった質問や意見が出て、活発な議論が展開されました。そのやりとりをするうちに「この問題は、それほど単純ではない」と再認識したのです。性差にばかり目が行きすぎると、問題の本質が見えにくくなってしまう。男か女かというより、一人の生活者としてどんな働き方をするのか。暮らしに根差した視点を失わないことこそ大事で、ジェンダーの問題の根っこにある解決すべき課題だと再認識したのです。

戻れる場

対話的研究会では毎月、身の回りの問題や社会で話題になっている課題をテーマに、会員が持ち回りで発表します。政治や原発、平和など、大きなテーマが選ばれることもありますが、頭でっかちで抽象的な議論になることは、さほどありません。なぜでしょうか。一人ひとりが肩書ではなく、生身の生活者として、個人として参加しているからだと思うのです。その場での発言は、組織の建前などからも自由で、スローガンのような縛りもありません。

だからなのか、質疑応答の場での発言は実感と説得力に満ちています。聞く人に、多くの気づきをもたらしてくれます。学術的な集会や一つの目的で作る組織とは異なり、生活者として社会人として集い、意見を出し合える対話的研究会は、普段、組織で働く私にとって、一人の生活者、社会人に戻れる場です。

（のざわ・あきお）

私の「対話的研究会のすすめ」

山田　高

今の時代を「対話」で学ぶ

対話的研究会は、毎回報告者と司会者を輪番の交代制で担当し、報告者が関心をもったり、関わっていることについて報告します。参加者は報告に対して必ず自分の意見や考えをその場で述べ、対面での双方向的、応酬的な会話で議論を深めます。

私は研究会に参加するたびに、世の中にはいろんな問題があり、いろんなことに関心をもっている人がいるんだと感じ、これは草の根の「当事者民主主義」、「参加民主主義」の生の声というものではないか、と実感しています。

一人ひとりの顔や性格が異なっているように、考え方も受け止め方も千差万別です。他人の意見をしっかり聞く、その場で自分の意見をはっきり述べる、いろいろな意見が出ることによって問題の広がり、所在、相互の関連性がやがて誰の目にも明らかになり、独りよがりだったかもしれない自分の意見からも解放されて、やがて大きな一定の方向、コンセンサスというようなものが見えてきて安心感が少し広がるのです。

分断、差別、格差の招来をいとわないトップリーダーが政権を担当する日本。「今さえ良ければ、自分さえ良ければ、金さえ儲かれば」という風潮が、社会にまん延しています。こんな社会でいいのだろうか、このままでいいのだろうかと首を傾げる人は多いのですが、さてどこから立て直していけばいいのかを考えると途方に暮れるばかりです。

　こういう時代だからこそ、身近に自分が信頼できる確かな情報源をもつこと、気軽に自由に意見交換のできる仲間、時間、場所をもつことがとても重要になってきています。対話的研究会は、時代に生きる、時代とともに生きる市民の活力源、情報源であり、成熟と洗練した市民、グローバルな感覚と視野をもった地球市民を目指すトレーニングの場所にもなっているのです。

「対話的研究会」の先にあるもの

対話的研究会は現状に満足して立ち止まっていてはいけない、という会の世話人暉峻さんの指摘があります。

　対話的研究会の活動のその先にあるものは何か。

　私は、「市民が主役の社会＝市民自治に基づく社会」の実現に貢献することだと思うのです。市民自治型の社会は、多様な市民活動と市民参加によって実現可能となります。いわば市民自治型の新しい政治文化を創っていくことが、対話的研究会の活動の先にあるものだと思います。しかもこれは当面の課題、目標を達成すれば終わりというものではなく、一つの目標、課題が達成されると次の目標、課題が生まれてくるので「永久革命」のような取り組みです。

「駅の数ほどいろんな地域で、対話的研究会のような集まりができて、時代と社会に関わりながら、多様な市民活動と市民参加を担う人材が育ってくると、日本の民主主義も力強いものになってくる」とは、暉峻さんの言葉ですが、その通りだと思います。かつて地方自治は「民主主義の学校」と言われましたが、対話的研究会は「民主政治の学校」だと思います。

私の住んでいる団地では、高齢者一〇名前後が参加する「ディスカス」というサークルがあります。月一回、時事問題、社会問題についてディスカッションしています。八年前ぐらいから私が世話役を引き受けることになりました。

「時代に生きる　時代とともに生きる」「モヤモヤをみんなでスッキリさせましょう」と呼び掛けて開催しています。年末にはメンバー以外の人にもアンケートを取って、「今年　私の記憶に残った重大ニュース」発表イベントを開催し、一年を締めくくるわが団地の年末の風物詩になってきています。

先日ある参加者からこんな声を聴きました。「ディスカスは、家族の間でもあまり話をしないようなテーマを自由に話し合えるというのがいいですね。地域の中で社会問題についていろんな人の意見が聞けてとても有意義です」。「対話的研究会」の精神がわが団地にも根づいてきたかなと思っています。これも「対話的研究会」の活動の成果の一つだと思っています。

識者からも伝わる「対話的研究会」の意義

最近、対話的研究会の活動に言及しているかのように思う二人の識者の、次の言葉を目にしました。たいへん勇気づけられますので、紹介します。

緒方貞子さんは、「安全保障とは、国家が保証することも必要かもしれないけれども、国家では安全保障は尽くせない。個人が相互に交流する中に安全保障があるので、人間の安全保障が二十一世紀にもっと語られてよい」と言われました。「個人が相互に交流する中に安全保障がある」とは、暉峻さんが日頃おっしゃっている「戦争の反対語は対話」と同義だと思います。

また、下河辺淳さんは、「私たちは今後、いや応なくさまざまな情報ネットワークの交錯する社会で生きていくことになります。個人も、また企業も、多様な情報源との対応を通して、地球規模での国際的な価値観のせめぎ合いの場に出ていかなければなりません。そこで日頃から心しておかなければならないと思うのは、個人の顔が見えない発信者にならないこと、また、みんなで一緒に価値観を共有し合うというのではなく、価値観が異なることをお互いに認め合うことが出発点なのだということをしっかり自覚することが大事だと、私は考えています」と述べています。グローバルな視野とともに、個の確立と多様性を認め合うことの重要性を指摘されているように思いました（二人の言葉は、塩谷隆英『下河辺淳小伝　21世紀の人と国土』（商事法務、二〇二一年）より）。これからも、二人の識者の言葉を肝に銘じつつ、「対話的研究会」の活動に取り組んでいきたいと思います。

（やまだ・たかし）

「発表者」になって

小沼　稜子

対話的研究会では、メンバーの一人が発表者になって、今まで関わってきたことや、関心のあるテーマを一時間ほど発表して、その後に話し合いの時間をもちます。二〇数年の間に私が発表者を引き受けたのは、「母親連絡会の活動の報告」から始まって四回ほどでしたが、二〇二二年一一月一一日には、「ジェンダーの視点で見た旧統一教会問題」について発表させていただきました。研究者でもない私には荷の重いテーマでしたが、私の体験を通して発表することにしました。

「男女平等条例」づくりの挫折と旧統一教会

「女性差別撤廃条約」を批准した日本は、条約に基づいて一九九九年に「男女共同参画社会基本法」を制定し、各自治体で「基本法」を実施するための「行動計画」がつくられました。また、日本各地に女性センター（男女共同参画センター）が建てられ、女性の能力や意識を向上させる取組みが行われ、女性たちが生き生きと活躍していました。私たちも、全国の「男女共同参画条例づくり運動」を参考にしながら、女性センターを拠点に「条例づくり運動」を始めました。

ところが、二〇〇五年に、安倍元首相を座長とする「過激な性教育・ジェンダーフリー教育実態調査プロジェクトチーム」が誕生し、それによって若年層に向けた性教育が、「寝た子を起こすな」（早期の性教育は性の乱れにつながる）と潰されるなど、政治主導の「バックラッシュ」が始まりました。「ジェンダーフリー」は「社会的性差の解消」を意味する用語であるにもかかわらず、それを「男女の性差を無視するもの」と歪めて宣伝して、徹底した「ジェンダーフリー叩き」も行われました。練馬区議会にも「新しい教科書をつくる会」などの右翼団体から「ジェンダーフリー反対」の陳情が次々と出され、それに対して、私たちはその陳情に反対する陳情を提出するという、陳情合戦がしばらく続きました。そうこうするうちに、「条例づくり運動」に紛れ込んで「伝統的家族観」を中心に置く条例につくり変えてしまった地方の例なども報告されるようになり、その動きのなかで私たちの「条例づくり運動」も挫折せざるを得なくなりました。

それらの体験の根底に旧統一教会の影響があるのではと感じたことが、旧統一教会問題を取り上げる動機でしたが、影響に対する確証はありませんでした。ところが、二〇二二年一〇月の半ばをすぎる頃から、「家庭教育支援法」の法制化を望む意見書が旧統一教会の幹部が代表を務める団体から提出され、自民党が後押しをする形で、四つの県議会と三〇もの市町村議会がそれを採択したという記事が新聞に載るようになりました。「選挙での支援」と「政策実現」がバーターになった政策協定ともいえる「推薦確認書」に署名した議員たちの存在も明らかになりました。

「推薦確認書」には、

▼憲法を改正し、安全保障体制を強化すること。

▼同性婚合法化などに関しては慎重に扱うこと。
▼『日韓トンネル』の実現を推進すること。
▼国内外の共産主義勢力などの攻勢を阻止すること。
などが記されていることが明らかになりました

その頃から旧統一教会に関する講演会や本も出版されたことで、旧統一教会が秘書の養成まで行って、政治への働きかけをしていたこともわかり、私が経験したバックラッシュの正体が、実は自民党と旧統一教会が二人三脚で進めてきた行為だったことを確信しました。

生きる意味を見いだせない女性たち

私がどうしても知りたかったことがもう一つあります。それは、若い女性たちがなぜ合同結婚式に参加することになったのかということでした。合同結婚式で韓国人男性と結婚した女性を追跡調査した中西尋子さんは、彼女たちは、「親の置かれた状況を見て育ったために、現実の結婚に夢や希望をもてないでいた」という点と、「生きる意味が見いだせないでいた」という二つの共通点をもっていると言います。きっかけは友人に誘われたとか町でアンケートに答えたなどの小さなものではありますが、入信に至り、活動していくなかで旧統一教会の教義に「生きる意味」を見つけていったということが大きいのではないかと思うのです。合同結婚式に参加して、韓国の貧しい農村男性に嫁として提供された女性たちは、その生活にショックを覚えながらも「世界平和を実現するために神の子を産む」という教義に希望を見いだし、悲惨な生活に耐えながら「戦争で日本からひどい仕打ちを受けた韓国の貧しい人々のために尽くし、神の子を産むための結婚に意義を感じている」と中西さんに伝えたということです。

目に見えない形で家父長制が残る日本の社会では、多くの女性たちが家庭においても職場においても〝二流市民〟でしかないわけですから、「生きる意味が見いだせない」女性は数多くいるはずです。何らかのカルトの犠牲者予備軍は決して少なくはないと思うのです。

家庭が崩壊するまで献金を続ける女性たちもまた、家父長制を引きずる社会や生活への絶望、明日への希望のもてない不安に苦しむ人たちなのだと思います。そういった不安を利用して文鮮明夫妻を「真の父母様」と呼ばせつつ、金稼ぎをしてきたカルト集団である旧統一教会。それを利用しながら議席を増やしてきた自民党もまた、天皇を頂点に置く家父長制社会に都合のいい「伝統的家族観」を改憲草案に書き込んでいる。私には、旧統一教会と自民党は、根っこでつながった双子の兄弟のように思えてならないのです。

大切にしたい「学び合いの場」

当日は、このようなことを発表させていただきました。発表するためには普段よりは関心をもって新聞記事に目を通し、本も読みました。そして参加された方々の意見を聞かせていただいたことも含めて、この経験は、私に、もっと積極的に社会問題や女性問題への関心を深める必要があるという反省を促すと同時に、私にできることをやり続けようとの思いを強くさせてくれました。とても良い勉強になったと思っています。

（こぬま・いつこ）

認知症予防は、対話の実践から！

沖山　一雄

デイサービスセンターでの生活

私は、デイサービスセンターを中心に介護事業を運営しています。今年で二〇年目を迎えます。デイサービスの対象者は、要介護者のみで、介護度の重い利用者が多く、その大半は、認知症の方です。夕方帰宅が始まると「東京に帰りたい」と何度も訴える方がいます。練馬にお住まいですが、実家が都心にあったので、そこに帰りたいという訴えです。職員は、「時間が来たら車で家にお送りしますのでもう少し待っていてください」と対応します。「よろしくね」との返事が返ってきますが、すぐまた同じことが繰り返されます。職員は根気よく、説得します。しかし、その方に反応するように、あちらこちらからも「まだなの」「早くして」の声があがってきます。デイサービスは、利用者の帰宅時間が、それぞれ違います。最初の人が帰宅し始めると、利用者全員がそわそわしてきます。いろいろな言葉を掛けたり、カラオケなどで対応しますが、帰宅願望モードを収めるのは大変です。

また、ある方は、いつもは静かな方ですが、自分の世界があり、少しでもその世界を壊すようなことをされると大きな声で怒鳴ります。職員は何が気に入らなかったか考え、いろいろと手を尽くします。上手く落ち着かせることができても、その方法がいつも上手くいくわけではありません。日々の生活のなかで、利用者と職員の関係は深まってきます。それですべてが解決するわけではありませんが、介護は、人と人との関係性が重要な要素であり、そこに面白さもあります。

認知症は病気？

現在、高齢者の方々を中心に、徘徊や異食などの問題行動を起こす認知症に対する、恐怖といってもよい雰囲気が醸し出されています。認知症予防という言葉が付くと、それだけで関心が高くなるといわれています。

昨年春先に、エーザイ株式会社がアルツハイマー治療薬をアメリカの会社と共同で開発したという情報が伝わり、エーザイの株が三割近く値上がりしました。認知症対策に大きな注目が集まっている証左でもあります。

認知症は、二〇年ほど前に、「痴呆」「呆け」という言葉は差別的であるということで、新たな名称が検討されました。一番適切な言葉として、「認知障害」が候補となりましたが、すでにその言葉は、精神疾患の一種として使用されており、第二の候補であった認知症が新たな名称となりました。しかし、認知症は、「症」が付くことによって、病気と認識され、治す対象になってしまいました。確かに、若年性認知症の方などは、アルツハイマーやレビー小体型を伴う病気であり、治す対象となります。しかし、認知症は、高齢に伴う老化現象であり、薬で進行を緩やかにすることはできても、治すことはできません。認知症は「死」への前段階で、「死」への恐怖感を和らげる作用があると言われています。私たちにとって必要なことは、認知症を忌み嫌うのではなく、それを受け入れていく心構えをもつことではないでしょうか。

問題行動は周辺症状から起きる

認知症には、中核症状と周辺症状があります。中核症状とは、脳の老化による認知機能の低下から引き起こされるもので、理解力・判断力の低下、記憶障害、見当識障害、遂行機能障害や失語といった症状がでてきます。一方、中核症状と環境要因・身体要因・心理要因などの相互作用の結果として生じるさまざまな精神症状や行動障害が周辺症状です。徘徊や異食などの問題行動は、周辺症状です。中核症状に大きなダメージがあっても、問題行動がない人もいます。反対に、中核症状に大きなダメージがないのに、問題行動を起こす人もいます。人間関係がまだ、色濃く残っている地方では、中核症状にダメージがあっても問題行動を起こす人は少ないと言われています。それは、たとえば、徘徊しても、顔見知りの近所の人が声をかけてくれるからです。「あら、おじいちゃんどこにいくの?」と声をかけられ、しばらく会話した後、本人は、何もなかったかのように家に戻るというのはよく聞く話です。

デイサービスでの生活を見ていても、認知症の方は、あまり話すことも、レクレーションに参加することもありませんが、職員との関係が深まるにつれ、また、利用者同士との会話が生まれていく中で、徐々に、落ち着きが生まれてきます。

対話こそが豊かな老後をつくる

一九六〇年代、日本では、地方から多くの人が大都市に集まり、高度経済成長を支えてきました。急速な都市人口の増加の結果、日常の人間関係が薄れてきましたが、それは、地方での人間関係の煩わしさを避けたいと思っていた人々にとっても望む方向だったのではないでしょうか。しかし、超高齢化社会を迎え、定年後の生活が長くなりました。どのような日常生活を送って良いのか戸惑いを覚える高齢者が多いと聞きます。

私は、現在では私自身が会員となっていますが、若い頃から高齢者の水泳クラブのお手伝いをしています。ある会長から「今までは会社人間として縦社会の中で対応してきたが、地域の会は、女性も多く、横社会ともいえる環境でなかなか運営していくことは大変だが、いろいろな人に出会えて、楽しい」との話を聞き、妙に納得したことがあります。

豊かな老後を生み出していくためには、高齢者自身が、今まで縁が薄かった地域社会の中に積極的に飛び込み、いろいろな人と出会い、対話を重ね、豊かな人間関係を創りだしていくことです。そして、それは、結果的に、認知症予防対策にもなるはずです。

（おきやま・かずお）

対話的新聞記者

石原　真樹

「ネタ取ってこい」

大学を卒業し新聞記者になりたてのころ、取材とはまさに「材料を取ってくること」だと思っていた。特に、初任地として配属された三重総局（津市）では、ほとんどの新人記者が通る道だが、担当させられたのは警察当局。それまで運転免許以外で関わったことのない未知の世界で、その世界にどっぷりと浸かった警察官と渡り合い、彼らが隠しておきたいことを聞き出してこなければならない。

「御用聞きになるな」

これもよく新人記者に言われること。酒屋が勝手口で注文を聞き取るかのように、ただただ「ネタありませんか～」と聞いて回るだけでは駄目だ、との意味だ。ちゃんと駆け引きをせよ、と。でも、情報量も経験も圧倒的に上回る相手に対し、新人記者ができるのは晩に朝に警察官の自宅を訪れ（夜討ち・朝駆け）、熱心さをアピールすることくらい。「まあ、若いのに頑張ってるから、ネタを恵んでやるか」とおこぼれにあずかるのが関の山だった。そこにあるのは情報を「あげる人」と「もらう人」という上下関係で、この構図は警察官から女性記者に対するセクシュアル・ハラスメントの温床にもなってきた。

嫌な思いをいっぱいした。それでも、勉強し、取材を繰り返し、人生経験も重ねる中で、多少は相手と信頼関係を結んだ上で取材できるようになってきた、と思う。情報量は当然に相手のほうが多いが、「でも私はこう思う」「それは違うのでは」と自分の考えを伝えると、こちらの問いかけ次第で、相手から出てくる思いや考えが違う。取材とは材料をただ取ってくるのではなく、人間性と人間性を付き合わせた上での言葉のやりとり。つまり、対話だと実感している。取材相手と対話できる記者になるために、取材の対象領域について調べて知識を身につけることはもちろんだが、それ以上に、自分の人間性を磨かなくてはと思う。社会に対する問題意識、人権に対する感覚など、日々鍛錬である。

ところで、記事を書くときにはテーマに対するスタンスを明らかにしたほうが、記者は楽である。わかりやすい例では「桜の古木伐採」や「駅前開発」に住民反対、など。記事はわかりやすく読みやすくなり、文字数も減らせ、読者の感情に訴えやすい。小池百合子東京都知事ではないが、誰かを敵に仕立てて戦闘態勢を示したほうがなんとなく「やってる感」も出る。

しかし、記事でわかりやすい構図を示すことが結果として対話の回路を閉じ、対立をあおることにもなり、そうではない道を探る努力こそ大事だと強く思うようになった。きっかけは二〇一六年、東京都杉並区が公園の一部をつぶして保育所を建設する問題を取材したときのことだ。深刻な待機児童問題の解消のためには保育所の新設は待ったなし。一方で、公園がつぶされ子どもたちがのびのびと遊べなくなることへの危機感から反対の声を上げる保護者らもいた。

正直に打ち明けると、私は当初、公園をつぶすことに反対する保護者らに共感し、杉並区はけしからん、と考えていた。都会に残された子どもの貴重な遊び場をつぶすなんて、と。一方で、保育問題をずっと取材してきた先輩記者は杉並区側を取材し、子どもが保育所に入れず困っている保護者のためになんとかしたい、という思いを聞き出してきた。

「子どものために」

先輩の記事と私の記事を合体させた社会面の記事、見出しはこうなった。続いて少し小さな見出しは「住民　公園は『地域の財産』残して」（反対する住民側の思い）、「杉並区　待機児童深刻『今やらねば』」（区側の思い）。お互いの意見は対立していても、願っている先にあるのは子どもたちの幸せ。そんな思いがにじむ紙面になった。掲載後、公園に反対している保護者と自治体双方から「いい紙面だった、ありがとう」と感謝された。それまでにない経験だった。

先の例でいうと、桜の古木を地域のシンボルとして守っていきたいとの願いも、古木が倒れて誰かけがをしないかとの懸念も、どちらも尊重されるべきだし、駅前の風情を残すことも大事だけれど、区画整理されないことで緊急車両などが通れないことを不安に感じる市民がいるかもしれない。それぞれの思いを記事の中で丁寧にすくい上げることで、記事を読んだ読者は「結局どっちなの？」とモヤモヤするかもしれないが、そのモヤモヤこそがまさに「対話」の入り口になる。自分と意見の異なる人が「なぜそう考えるのか」知りたいと願い、お互いの意見を聴き合うことで、みんなが納得できる解決策もみつかるかもしれない。

老若男女みんなが忙しく生活に追われ、「わかりやすさ」がもてはやされる社会にあって、立ち止まって「対話」がしたくなる――。そう思ってもらえる記事を書く「対話的新聞記者」を目指したい。そのために私自身、多くの対話を重ねなければならないと思う。

（いしはら・まき）

「わたしの川」から「みんなの川」へ

菅沢　博

「まなざしの空白」

何かに迷うと私はいつも、宇根豊（農と自然の研究所代表）の「まなざしの空白」という話を思い出す。

六〇歳を越えた農夫がある日、田んぼから帰ると興奮気味に語った。「俺の田んぼで三〇年ぶりにタイコウチを見たんだ」と。しかし、タイコウチはずっと昔から、毎年田んぼに来る農夫に気づいていたが、彼のほうが気がついていなかった、いや、気づこうとはしなかった。意識していなかったのだ。突然の再会に「タイコウチはまだ俺の田んぼにいたのか」「俺は三〇年間、なぜタイコウチを見つめることがなかったのだろうか」と深い反省が彼を襲ったという。

地域にこだわる人たちで始めた「白子川源流・水辺の会」は、白子川の水辺環境改善活動に二二年ほど取り組んでいるが、「まなざしの空白」に似たことがいくつかあった。空白が生まれないように「自然との対話」「川との対話」「人との対話」はどのようにすれば進むのか。

白子川は湧き水の川。武蔵野の風景が残る練馬区西部の住宅街に水源がある都市河川だ。

一九九九年の秋、地域活動仲間の数人で白子川の源流（練馬区立大泉井頭公園内）に初めて入り、川掃除や水質調査を行なった。ドロが少なく湧き水の川底は砂で美しかった。私は、一匹のドジョウが気になった。よくみると、田舎の小川にもいた絶滅危惧種のホトケドジョウだった。「なんでここにホトケドジョウがいるんだろう？」私は嬉しくて「ホトケドジョウがいたよ！」と叫んでしまった。ホトケドジョウは前からここにいたのに誰も気づかなかった。それは「まなざしの空白」と同じことだった。

魚を救わねば

いつになく暑い夏だった。水はどんどん蒸発し源流の湧き水は涸れていった。下流へ移動できないドジョウや魚を助けるために水の補給作戦が始まった。水が豊富な「鯉のエリア」からバケツリレーをしたが、はかばかしくない。A会員は「うちの洗濯機のミニポンプを使おうか？」と自宅に走った。モーターが始動し水は出たがミニポンプではパワー不足。もっと給水力を上げる方法はないか？　せっかちなB会員は、あろうことか消防署へ放水車の出動を頼めないかと電話してしまった。町会の役員でもあるC会員は「私の町会の消防ポンプの稼働テストを兼ねて給水しようか？」と提案。柔軟で大胆な発想に驚いた。強力な放水で水位は上がり魚は跳ねた。生きものを救うために時間との勝負の中で話し合い、アイディアを出すことで急場を凌ぐことができた。

和解

個性的な川おじさんがいた。怖い人だった。当会が活動を開始する前から川の管理人のように「白子川は俺の川だ」と公言していた。朽ちた堰の修復も一人でやっていた。子どもたちには「おい、川に入るなよ」ときつく注意し、夜の公園で遊んでいる若者を追い払い、「公園が明るいから若者が集まるんだ」と公園の街路灯を消させてしまったし、私たちが川を掃除していると「コラー！お前ら勝手に川に入るんじゃない。俺が放流した魚はお前らが川に入るからいなくなるんだ」と怒る。私たちはわけもなく叱られたが、彼が白子川が好きで、川に魚を増やしたいと願っている人であることはわかっていた。

翌年の夏。連日の猛暑で川の水位はどんどん下がり、川底は干からびて、あちこちの水たまりには逃げ遅れた生きものがあふれていた。私たちは逃げ遅れた魚を下流の淵へ運んだ。そんな私たちの様子を彼は黙って見ていた。ある晩、私たちは公園のトイレから水を引くことにした。川から二〇メートルのトイレの蛇口にホースを繋いだ。これを幾晩も続けていたある夜に、彼が現れて「苦労してるようだな。俺んちに来いよ、ホースリールをあげるからさ」と。ありがたかった。怒られ、悪口を言われ、お前ら呼ばわりされ、じっとがまんしていた距離が縮まった瞬間であった。

「みんなの白子川」

白子川は私たちにひとつの視点の転換を促してくれた。

川をＰＲするツールとして焼印の木札を作ることになり、そこに入れる文字を検討する場でこういう発言があった。「私たちが活動を始めた頃には、川沿いの人に『白子川はわたしの川よ』と言われたけど、決して〝わたしの川〟ではないはずで、白子川には、多種多様な動植物が生息しているし、人間はといえば、川活動の私たち、川沿いを散歩する人、水辺で遊ぶ子どもたちもいる。いったい川は誰のものなんだろう？　結局は『みんなのもの』じゃないの？」と。そんなことをじっくりと考えたことがなかったから、この投げかけにはみな躊躇したが、次第に納得していった。こうして木札の文字は「みんなの白子川」となった。一方的、一面的な視点ではなく、多方面からの視点が大切だと気づいた。

白子川源流では年末年始に、こんなフレーズの横断幕を掲げている。「白子川ありがとう。新年も地域とともに」

（すがさわ・ひろし）

看護や介護からの対話

小山　きみ

私はうつ病に罹った家族がおり、家族会のメンバーとしてうつ病支援を続けてきました。また同時に、認知症や脳梗塞になった高齢の義理の両親・実母の遠距離介護をしている主婦でもあります。その看護や介護で向き合う生活の中から、「対話」の必要性や重要性を考えてみました。

看護や介護を受ける人と援助する人との交流で、なぜ難しいときがあるのでしょうか?

援助を受ける側の人達が、あまりにも既存の世間の価値観に大きく縛られて苦しめられているにもかかわらず、援助する人がその苦しみを理解しにくいからではないでしょうか。

私の家族や両親は、勤勉で誠実な人々です。その彼らが「病や老い」の原因で、だんだんできないことが増えていきました。この喪失は大きく自信を失わせ、彼らは落胆し、必要以上の不安感をもち、将来を悲観して生きる意欲を無くしました。世間の価値観では、健康で経済的にも社会的にも自立し、他者から承認され、自分の全てに責任をもってことにあたるべき等々、それが「普通」であるというメッセージが、出されているように思います。彼らは長年この社会で努力し、人様に迷惑もかけず人の役に立ちそれなりの自負もありましたので、なおさらそうできない、「普通のこと」ができない自分は弱いダメな人間と思い苦しんでしまうのです。そうして彼らは困れば困るほど隠したい・恥ずかしい・認められないことのように思い、相談事を話せなくなってしまいます。彼らに何にも問題はないのです。病や老いに遭遇したら誰でもなり得ることなのです。このようにして彼らと交流が難しくなってしまいます。

その交流の難しさを乗り越えるためには、何が必要なのでしょうか?

健康な私たちでも自分については誤ったイメージをもちやすいものです。まして自信を失った時にはさらに極端なイメージをもってしまいます。ですから一緒に向き合ってくれる人が必要です。最初は、ただ同じ空間で何かをしながら黙って待ちます。しかもただ待つということでなく、支援を受ける人を気にかけて理解しようとし続け、「たとえあなた（支援を受ける人）が、どんなに自分自身をみじめに感じて受け入れることができなくても、私はあなたを大切に思っている。困っている時はいつでも相談に乗るから、遠慮しないで声をかけてね」というメッセージを発信し続けることが大切かと思います。でもそれが彼らに届くかは、わかりません。受け入れてくれるかどうかは、相手が判断することです。期せずしていると、ある時不思議なことに支援を受ける人は、「どうもこの人は私のことを気にかけて心配してくれているらしい。この人の話なら聞いても良いかなぁ……」という思いが湧いてくるそうです。この安心だという関係、つまり信頼感を少しでももってくれたなら、支援を受ける人はポツリポツリと自分の苦しんでいる感情や想いを話し始めてくれるようです。これはきちんと相手と向き合うこと、つまり「対話」をするためにどうしても必要な信頼関係を作る前提条件のように思います。

信頼関係ができ始めたら、どのような向き合い方になるのでしょうか？

言葉の届かなかった彼らからのか細い反応なので、大きな希望を援助者は抱くでしょう。でもまだまだ薄紙をはぐような不安定な状態です。支援を受ける人が、自分を認めてくれているという思いを大切に守ることはその人のありのままを理解しようとすることで、たとえ正論でも本人の今の状態では受け入れがたく嫌がることであれば言ったり聞いたりせず、とりあえず今、向き合っている相手のペース・タイミングを尊重して聴き続けることが大切です。人は一人ひとり違います。家族・親子といえども性格・環境・生きてきた歴史が異なり、それぞれ固有の価値観・個性があります。しかも自分自身を振り返ってみても、置かれた時や状況によって価値観は変化します。

そのような中で家族として、社会と関わりながら看護や介護をして思うことは、どんなに支える人を中心に、彼らのペースで考えて理解しようとしても、どうしても理解できないこともあるということです。相手の言っていることが理解できないけれども、この辺までは受け入れてもいいのかぁ……ということを繰り返して少しでも理解しようとし続ける姿勢が大切のように思います。最初から言葉のやりとりによって何かを目標に意図的に生み出すというよりも、相手ときちんと向き合い関わり続けるのが重要で、そのうちに対話の糸口が見つかって変化していく。こんなことの繰り返しではないでしょうか。自分を大切な存在と思うことは、同時に相手を大切に思うことでもあ

ります。対話とは自分を含めて人を尊重することが本質であって、それが人間を大事にするという
ことではないでしょうか。看護と介護で人を支えていたつもりでしたが、私は支えを受けていた
人々から逆にいろいろ考えさせられ、教えられてきたと思います。

（こやま・きみ）

パブリック・コメントのまやかし

大六野　寿子

私の関越自動車道路沿いでの生活が始まって四〇数年の歳月が流れました。

一九九六年の関越道の六車線拡幅、二〇〇七年車止め撤去、そして二〇一〇年高架下施設の建設計画、それら一つひとつが次の計画への伏線であったのだと、裁判に関連した膨大な資料の中で気づきました。これらは全て住民に説明する以前に水面下で周到に計画された行政の長期計画の一環だったのです。

パブコメの形骸化

「パブリックコメント制度」（意見公募手続き）を国が導入してから二〇年以上が経ちます。さらに二〇〇五年に行政手続法改正で法制化され、行政のパブコメは、政令や省令、命令等を定める際に原則として実施が義務づけられています。行政運営の公正性の確保や透明性の向上を図るため国民の意見を募り、国民の権利利益の保護に役立てることを目的としています。

「提出された意見は十分に考慮しなければならない。また、提出された意見やそれがどう考慮され命令等に反映されたか（されなかったか）、なぜ反映されたか（されなかったか）について、命令等の公布と同時期に公示することになっている」はずですが、実際にその声が生かされ、政令、省令、条例案等が修正されたという事例はほとんど耳にしたことはありません。国民の声を政策に反映し、民主主義を補完するための重要な制度は全くもって生かされてはいないのです。

「高架下施設建設問題」でも、返済機構（独立行政法人日本高速道路保有・債務返済機構）が開催した「高架下利用計画等検討委員会」後、返済機構のＨＰに国交省路政課道路利用調整室からパブコメ実施の通達が出されました。

非公開の「高架下利用計画等検討会」でしたが、ＮＥＸＣＯのＨＰに掲載された検討会議事録の一部始終に目を通した時の驚きは言葉になりませんでした。いいえ、開いた口が塞がりませんでした。

検討会の常任理事である筑波大学大学院教授の司会で会議が進行し、いわゆる「有識者」と称される委員方の無責任な発言の数々。特別委員として出席した練馬区の技監の計画や説明に只々賛同する意見ばかり。現地の状況や環境を全く視察したことさえないのに。

そして実施されたパブコメの結果は、全二三四筆中、計画反対および計画の見直しを求める意見が二三三筆もあり、賛成は地元町会長連名によるたった一筆のみでした。

しかし、返済機構はそれらの結果には一切目もくれず、二〇一四年一〇月、練馬区が提出した「高架下占用許可申請」を「許可処分」と決定したのでした。

住民が一所懸命に届けようとした「意見」は一体どこへ行ってしまったのでしょう？「パブコ

メの形骸化」を目の当たりにし、私たちは振り上げた拳《こぶし》をどうやって下ろしたらいいのか？ と、途方に暮れるばかりでした。そしてこれが「高架下占用許可処分の取消し訴訟」へと続く長い闘いの始まりとなりました。

対話無視の区政

今、練馬区には何十年も前から計画されたさまざまな都市開発計画や道路問題が山積しています。「石神井公園駅南口西地区市街地再開発問題」、「都市計画道路補助２３２号線の延伸問題」、「大二中問題」、「外環道南進建設問題」、「外環の２問題」、「西武新宿線問題」等々。大泉、石神井地区だけでも、練馬区と住民の対立、賛否をめぐって住民同士の対立が後を絶ちません。

「住民説明会」では、お時間の関係でと質疑応答は途中で打ち切り。「有識者会議」では、行政に忖度した御用学者のご意見ばかり。住民が納得のいくまでの話し合いはもたれません。実は全て計画推進のための手順通りなのです。区が事前にしっかりお膳立てをし、住民同士の対立を煽り、賛否両論の陳情請願を議会で採決し、推進派与党議員の賛成多数で計画を前に推し進める。これが区の常套手段です。

現在の前川燿男区長は、区民との集いの会で「差別はしないが、区別はする」「私を真摯に支援してくれる人と、練馬区を発展させたい」と発言しています。（二〇一六年三月一日東京新聞夕刊）区の計画に賛同し、計画推進に尽力してくれる区議、職員、区民だけで果たして区の発展は実現できると思っているのでしょうか？

対話する区政に

区は、計画の段階からまず区民に情報を提供し、意見交換の場を設け、何か問題点があれば、それを共有し、解決に向けて、じっくり時間をかけて話し合うべきではないでしょうか。一見、遠回りのように思えるかもしれませんが、秘密裡に計画を遂行するより、紛糾して時間の経過に焦って強行突破をするよりは、ずっと必要なプロセスだろうと思います。本来は、パブコメ制度があろうとなかろうと、そうすべきなのです。

「対話のない区政」に発展などあろうはずがありません。

一方的に、広い道路を造り、大きな建物を造る……それが区の発展だとは私たち区民は、決して思っていません。多くの住民の声に真摯に耳を傾け、住民に寄り添い、住民の生活を護り、心豊かな住民の育成に力を注ぐことがすなわち真の区の発展へとつながっていくのではないでしょうか。

（だいろくの・としこ）

対話する社会が、新しい政治を進める

——資本主義の変化にみる新しい未来

富田　健嗣

変わらない、利益優先の政治

今の政治に対して、満足している方は、どれだけいるのでしょうか？

この三〇年間、日本は低成長を続け、少子高齢化、人口減少時代に突入しました。課題先進国として、早期の課題解決が求められてきたのにもかかわらず、多くの課題解決は先送りをされてきました。将来よりも、現在の利益を優先する政治が行われ、企業、団体の既得権益を重視するあまり、国民の生活は二の次にされてきたのではないでしょうか。

このような政治を変えていくには、「選挙」を通じて、民意を示していく他ありません。

選挙の度に、政治家は耳触りの良い政策を訴えます。政治家は、投票に行ってくれる人々の関心をいかに引くかという点を重視し、将来の利益よりも、選挙当選に有利な政策を進めていくことになります。結果として、さまざまな課題が解決されないまま現状維持の政治が続いています。

変わらない政治に対して、有権者は多くの不満を抱えています。「政治に期待できない」「投票をしても何も変わらない」そのような声ばかりを耳にします。投票率も低下し、組織票が反映されやすい政治が進み、ますます、国民視点に立った政治からは、遠いものになっています。

企業に求められ始めた「社会貢献性」

一方で、民間の中では、変化が現れてきました。社会的課題解決の手段とした社会的企業いわゆるソーシャルビジネスの台頭です。そして、多くの企業においてコンプライアンスの遵守にとどまらず、ＣＳＲを重視するなど社会貢献性が高まっています。消費者もオーガニック商品やフェアトレードの商品など、商品の価格だけではない価値観も求め始めています。また、近年においてはＥＳＧ投資やＳＤＧｓにも注目が集まってきています。消費者の消費行動や意識が大きく変化し、独善的な企業は淘汰される時代となったのです。企業が作り出す商品、サービスが、「社会を、より良く変える」ことに貢献できているのかが、大きく問われる時代となってきました。市場の成熟化と消費行動の変化、それを後押しするＳＮＳの発展、さまざまな要因によって、今までの資本主義に変化が見られてきています。今後、この傾向はますます広がることが予想されます。

つまり、成熟したこれからの時代は、自己利益のためではなく、多数の他者のために動く者に価値が与えられるのではないかと思います。こうした社会の流れの中において、一方の政治はどうでしょうか？

新しい政治の形とは

行き詰まりをみせる政治に対して今こそ、社会解決のために、新しい政治の形が求められています。

政治家と国民とが対立する関係性ではなく、社会的に対話を進め、協働することで、政治の仕組みが、より良いものになるのではないかと思います。

でも、政治参加しようと思ってみても、「投票に行く」という限られた手段しか思いつかない方が多いのではないでしょうか。そうなると限られた選挙期間において候補者の主張や、人となりを確認するのは容易ではありません。結果として、支持基盤を継承した人、知名度が高い人、もしくは、特定の組織、団体から支持されているというような政治家が議会に送り出されることとなります。しかも、一度、当選すれば四年ほどの任期があります。この任期の間、議員に対して監視・チェックをしなければ、白紙委任を与えることとなります。

こうしたことから、有権者は感覚的に代表制民主主義がうまく機能していないと感じながら、投票するという行動に限界を感じ、あきらめてしまうケースが多かったのではないかと思います。

また、議員と有権者の間には、行政に対する情報量に大きな差があり、情報の非対称があるのです。こうした状況においては、政治参加するということが、大変難しいと言わざるを得ません。

また、立候補するという形での政治参加の方法もありますが、複雑また、時代錯誤の公職選挙法があり、新人が勝ち抜くのは容易ではありません。

以上の政治参加を難しくする要因は、むしろ既存の政治家が参入障壁を高めるべく敢えて変えてこなかったのではないかと思われます。つまり、多種多様な政治参加を抑えることで、既存の政治家がやりやすい閉ざされた政治空間が生まれているのが、現状だと思います。

しかし、民間では、消費者が大きく企業のあり方を変えたように、有権者こそが政治を変えていけるのではないかと思います。

対話する社会へ

政治家を閉ざされた政治空間から対話と協働の場所に移行させる必要があります。そのためには、選挙だけではなく、他のさまざまな政治参加の方法を模索する必要があります。デモに参加する、署名活動をする、請願、陳情、パブリックコメントを出す、ＳＮＳを利用しての情報発信、情報収集。こうしたさまざまな手法があるのですが、多くの方にとっては、どれもまだ一般的な手法だと認知されていないと思います。

しかしながら、以上のことが、政治参加の手段として、ごく当たり前になったならば、政治のあり方は大きく変わってくるに違いありません。友人と企業のサービスや商品について、気軽に批評するように、政治についても気軽に話す環境を作り出すことから始まると思います。

日本においては、社会生活のなかで、政治について話すことは一般的にタブーとされている雰囲気があります。気軽に政治について話すなどというのは容易なことではないと思います。

私は、その答えは、「対話」にあると思っています。お互いの価値観を認め、その上で、課題を認識することなど、対話にはいくつかのポイントがあると思います。そして、対話する社会を進めていくことが、新しい政治を進めることにつながると思います。

（とみた・けんじ）

対話について思うこと

片岡　洋子

窓ガラスを開けて、朝の新鮮な風を取り込む。二羽の鳥がいつものように「チッチ、チッチ」と鳴きながら庭木を飛びかっている。なにか話しているように思える。楽しそう。

家事・育児に追われる日々を送っていたころ、私は子どもと一緒にいる時を楽しんでいました。「どうして？」と問われることが多く、はっきり答えられないことには私なりの考えを話して、「○○ちゃんはどうしてだと思う」と問い返しました。答えには　はっとすること、え〜と思えること、ぎょっとさせられたこと、ほっとしたことなどがあり、子どもの素直な言葉が新鮮でした。

人間は言葉で、物事を考え伝えることができる唯一の生物だそうです。[1] 会話や対話はその表れです。私たちは日ごろ会話をよくします。しかし対話となるとどうでしょう。

対話は、お互いの考え方の違いや意味の捉え方に違いがあれば、それを理解しようと努めて話し合うことです。お互いの考え方に修正が加わることもあります（まさに民主主義の基本です）。

幸せを感じる社会を築くために、国や社会の問題を自分の問題と捉えて、考えを発言する政治的能力を育て、対話ができる環境を子どもたちのために整えておきたいものです。それは、ゆとりある生活時間、集会がもてる場所、個人の考えを躊躇なく述べることのできる世間の風潮などです。

対話は書簡やネットでもできますが、やはり直接会ってするのが一番良いと思います。話す人の表情、声、動作、応えるタイミング等からも伝わることが多々あります。

いろいろな人といろいろなことを対話することで自分の考えや感情を刺激され、何歳になっても人間として成長していく喜びを私は感じています。

（かたおか・ようこ）

（1）動物や鳥が鳴き声で単語や文法を使い分けて意思疎通をはかっているとの論文が出されていると新聞報道がありました（毎日新聞二〇二一年三月二三日）。研究が進んで、鳴き声の翻訳機で「おはよう」と声をかける楽しみを夢みています。

「嘘」の呪縛――対話の可能性

金澤 むつみ

時代を問わず疑惑、詐欺、スパイに関わる本や映画は私たちの関心を誘う。すれ違い、勘違いは恋愛ものでは重要なプロットだ。むしろ障害なく成就するストーリーは退屈だ。だからこそ、私たちは嘘や虚偽に魅了され、何か怪しげだ、と感じながらも、それもありかと思い、知らないうちに巻き込まれてしまうのだろう。古くは聖書、古典ではシェークスピアも嘘や偽りをプロットや題材にした作品は多く存在する。ポピュラーな本ではM・スコット・ペック氏の『平気でうそをつく人たち』、ノーム・チョムスキー博士の『合意の形成』や、中野信子氏が、人間の暗い部分に焦点にした本を多数刊行している。しかし、人は嘘に長い間関心を抱きながらも、対処する術を完全には学んでいないようだ。

政府情報の意図は合意の形成か？

二〇一一年東北地方太平洋沖地震直後、海外ニュースがいち早く、原発がメルトダウンを起こし非常に危険な状態だと報じる中、日本の報道はメルトダウンは起きていない、との政府発表をそのまま流し続けていた。数か月後、カメラの前で「福島に危険はない」、と地元の食材を食す姿を見せたり、「放射線対策を全て講じ、安全確保した。二〇二〇年の東京オリンピックは絶対開催」、と自信ありげに言い続けていた元首相。その陰で、子供たちの健康を危惧する母親たちの声が小さくとも聞こえていた。日和見主義だった私ですら、この頃から何かがおかしい、と思わずにはいられなかった。

新型コロナウイルスの出現で外出がままならぬ時、嘘を多面的に語った本を手にし、それが情報操作、虚言などについて考える機会となった[1]。

権力と多数決で、真実の塗り替え?

虚偽情報を流すということで思い起こされるのはアメリカ前大統領トランプ氏だろう。メディアやSNSを自由自在に駆使し「天才的な」話術で、荒唐無稽と思われる方策をも魔術師のように真実だと思わせ支持者数が増大した。

ソーシャルメディアを通じて支持者を魅了し、ついには国民の半数近くを虜にした。彼をフォローする人はトランプ氏が騙る社会こそが自分たちの求めているものだと信じ、虚偽の世界に流されてしまった。独特の語りかけはあたかも自分はトランプと「対話」しているかのように感じ、社会から搾取、無視されていた自分たちの声を聞いてくれるのはトランプだけだと信じ始めた。以前は嘘、まやかし、と言われていたことがポスト・トゥルース、オルターナティブ・トゥルースと呼ばれ、昇格しただけでなく市民権を得るまでになった。しかしこれは洗脳であって、「対話」ではなかった。恐ろしいことに、この現実は外国だけではない。

圧力への予防策としての「対話」

日本では同調圧力という言葉をよく耳にする。これまで否定されてきたことすら、「皆がしていることだ」、と常識となり嘘ではなくなってしまう。その反面、同調しない人は「空気が読めない」、「会社の業績のため」、「和を考えろ」、と周りから言いこめられる。

目に見えない圧力からの予防となりえる策が「対話」ではないだろうか。平等な立場を保ち、幅広く身近な疑問や社会問題を、心を割って話せる人と話し、その人の意見を聞き、自分なりの考えを形成する必要がある。自由に発言ができる場で意見交換し、異見、見解の相違を気の置けない仲間同士が補正、補填し、全く違う角度からの見解を分かち合う中で、新たな理解が生まれ、行動への指針を見出す。

日常生活の中での、いつも顔を合わせるような「阿吽の呼吸」が通じるメンバーとの気軽なおしゃべりは、確かに気心が知れ、心地よい環境かもしれない。だが、そういう場では反対意見は波風を立てるから発しにくい。「世の中」の声に日本人は特に流されやすい民族らしい。一見多数意見と思われること、声を大にする人に従うような教育を私たちは受けてきたせいかもしれない。時には越境し、経験、立場や興味の異なる人々との意見交換をすることは、凝固しがちの思考を促し、柔軟に考え、思考停止しないために必要だ。

幅広く知識を求め、真実を知ろうとする人々との意見と事実の交換が「対話」となり、社会を前向きに進める力になる、と私は信じたい。それが、停滞し、受け身でしかとらえられない日本の民主主義を機能させる第一歩だと感じる。

（1） Ellin, Abby, Duped: Double Lives, False Identities, and the Con Man I Almost Married, Piatkus, London (2019).

（かなざわ・むつみ）

対話は、民主主義を支えて育む土壌

滝田　清暉

はじめに

私は、民主主義に基づいて国政を託す議員を選出する社会には、その社会を構成する各人がお互いの個人的価値観を否定せずに、対話する土壌が必須であると考えている。したがって、その対話をより有効に実現するための、一人ひとりの知識や情報、あるいは対話力等を取得するための機会が、各個人に公平かつ積極的に提供される環境の確立が、民主主義社会成立の前提とされているべきであるとも考えている。

日本は民主主義社会？

上記の視点から現実の日本社会を見ると、世界に誇れる平和憲法を有する一方、「官庁の黒塗り記録の開示」に象徴される情報秘匿や、質問に事実上答えず、自分の言いたいことを言って国民を煙に巻く政治手法の横行、それらを特別重要な問題とすることがなく、形式上多数決で決定しさえすれば仕方ないとあきらめ、結果的に少数意見を無視することを許容する土壌を形成し、常に、一定の少なからぬ主権者個人の人権を無視して、声の大きな者のみが得をする、「擬似民主主義社会」になっているように思われる。

この現実社会は、それぞれ互いに補完し合うべき司法・立法・行政の三権の内、行政権が強すぎるため、司法による行政のチェックが十分には機能しない。この結果、たとえば国や自治体が制定した「法令」自身が、憲法に違反するという「法令違反」の最高裁判決は、戦後七五年間でわずか一一件に過ぎないという事態を生じる（二〇二二年八月五日朝日新聞夕刊、「『社会変える裁判』根づくか（谷口太規弁護士）」、参照）。

このため、従来、平和憲法であると評価されてきた日本国憲法の精神が、行政に都合よく歪められて解釈され、その行政を行うのに都合の良い立法が積み重ねられ、予算案が国会を通れば、事実上、憲法改悪がなされたかのように、戦争をすることができる国になるように見える現状となった。このような暴挙がまかり通るわが国は、「本当に、民主主義社会なの？」と、疑問符が付く社会であると言わざるを得ないことは残念である。

一九二八年～一九四三年の間、わが国で実施されていた「陪審裁判制度」が、第二次世界大戦勃発のために停止されたまま現在に至っていることが、実現すべき日本の戦後民主主義を歪めてしまったように思われて残念である。共通する客観的データ（証拠）を基に、助言は別として、検察審査会の場合と同様に、一般常識を有する市民同士のみで議論し、決定することを前提とする、司法や行政への市民参加制度の採用が、民主主義を深化させるための有効な方法であると考えるからである。

一二人の陪審員のみで評議をするという、現在も停止されている前記陪審制度の復活ではなかったものの、一二年前に新たに導入された、三人の裁判官と六人の裁判員（および、二人の補充裁判員：なお、一人の裁判官と三人の裁判員で構成される小法廷も制度としては存在するが、実際には一度も実施されていない）が、一緒になって評議をするという裁判員制度への期待は大きかった。

しかしながら、これまでの裁判員経験者の感想によれば、裁判員は裁判所から、お客様のように丁寧に対応してもらえる一方、裁判員法の守秘義務の規定によって、裁判終了後に、裁判員経験者がその経験を話す自由が制限され、話せる範囲の限界も明確ではないため、ストレスもあるということである（この問題に関しては、たとえば、牧野茂弁護士が主催する「守秘義務市民の会」が積極的に取り組んでいる）。善良な一般市民であれば、そのような裁判員に積極的になりたいとは考えないであろうことは、容易に想像することができる。実際、裁判員を選任するために無作為に抽出される、裁判員候補者の呼び出し状に応じて裁判所に出頭する市民の数は、年々減少傾向にあるという残念な統計が確認されており（たとえば、飯孝行・裁判員ラウンジ編著『あなたも明日は裁判員!?』日本評論社　参照）、その対策として軽罪に対する小法廷の活用や、守秘義務緩和等の改善が求められている。

これらの事実は、小泉政権における「政治改革」の次に目標とされた「司法改革」の一環として導入された現行の裁判員制度では、日本社会における民主主義が、着実に育てられてきたと確信することができないということを示している。

わが国の現状は、休眠中の陪審制度を、時代に合わせて改正した上で復活させようと、上記「政治改革」以前から活動している、私も所属する「陪審裁判を考える会」などの、司法への市民参加制度の導入を求めてきた人々の危惧どおりになっている。それでも、裁判員資格がこの度、二〇歳以上の成人から一八歳以上の成人に改められ、これに伴う法教育開始年齢の早期開始化とともに社会全体に浸透する法的思考方法の深化が進むことが期待され、一歩前進の予兆が感じられる。

日本が世界平和に貢献するための対話

ロシアがウクライナに侵攻し、第三次世界大戦の可能性を否定することができない状況になってきた。世界中が右傾化し、日本も従来からの右側の人間に限らず、尖閣諸島および北方領土の問題をあくまでも外交により対処するという考え方を超え、経済安保という概念を拡大採用し、一気に、自衛隊に反撃能力をもたせるとともに、「在日米軍に対する攻撃」も日本自身に対する攻撃とみなすことができるように拡大解釈し、それを予算面から実現可能にするために軍事費の急拡大を図るに至った。

しかしながら日本は、地政学的観点からの紛争を避けるために、世界中の、国境が接する地帯に「一定の幅を有する、緩衝地帯として機能する自然保護区」を設けることを原則とするとともに、「その保護区に関しては、当該国境に接する国々のみが、対話を介して共同管理する」というような、新たな国際条約案を提案して世界平和に貢献すべきである。それを実現するための「対話」が、憲法で戦争放棄をしたわが国が、憲法の理念を堅持したまま世界平和に貢献する方法ではないだろうか。

（たきた・せいき）

住民と図書館

田倉　京子

みなさんは、公共図書館をどのように利用していますか。

二〇二〇年四月、新型コロナウイルス感染症の拡大により、国が緊急事態宣言を発令し、多くの図書館が休館せざるを得ない状況になりました。その後、新型コロナウイルス感染拡大防止対策がとられ、図書館はほとんど再開されましたが、自治体によっては、二〇二一年九月現在も緊急事態宣言に合わせて休館の図書館もありました。このような状況になって、あらためて私たち住民と図書館について考えました。図書館のあり方も時代とともに変わっています。

ねりま地域文庫読書サークル連絡会発足と練馬区立図書館初期のあゆみ

現在、私は東京都練馬区の児童館の図書室で「文庫活動」をしています。

「文庫活動」というのは、一人でも多くの子どもたちに本を読む喜びや楽しみを知ってもらうために、自宅（家庭文庫）や公共施設など（児童館や保健相談所、幼稚園、団地の集会所などで開く地域文庫）に絵本や子どもの本を置き、本の紹介や貸出し、おはなし会の開催などを行う、子どもと本を結ぶ活動です。

練馬区では、区内の家庭文庫や地域文庫、親子読書会の母親たちを中心に、区の社会教育主事や図書館職員の協力も得て、「子どもに本を」の思いがつながり、一九六九（昭和四四）年にねりま地域文庫読書サークル連絡会が発足しました。その時練馬区内には、一九六四年に全面開館した練馬図書館一館しかありませんでした。そして、今では信じられないことですが、児童への貸出しは行われていませんでした。

一九七〇（昭和四五）年区内二番目に開館した石神井図書館に初めて児童室ができ、練馬図書館でも一九七一年から児童への貸出しが始まりました。

ねりま地域文庫読書サークル連絡会は、文庫の私的な営みに限界を感じ、やはり公共図書館がほしいと活動の柱の一つに「公共図書館の充実」を掲げました。石神井図書館の開館にあたっては住民本位の図書館を求めて、開館後すぐ、教育長、区長に対して図書館の充実を求める要望書を提出しました。

文庫を開いた母親たちは、練馬区教育委員会が主催していた家庭教育学級を利用して「子どもと読書」をテーマに継続学習会を開き学び続けました。この学びが活動の原動力になりました。

地域の人とともに発展する図書館

元練馬区立図書館職員の大澤正雄氏は、『練馬区立図書館黎明期のあゆみ――地域住民・文庫連絡会と共に』（練馬区立練馬図書館発行、二〇一八年）の中で、図書館や公民館は教育機関だが、

「公共図書館の場合もう少し広い意味があって、地域に住んでいる住民の教育力を育てていく役割。もう一つは資料提供。この中には知る自由がある」さらに多摩地域の図書館員前川恒雄氏の言葉を借りて、「地域の中で図書館を発展させていくには、地域の人と一緒になってやらないと地域の教育力が育たないと考えた。（中略）地域の人たちと一緒になって図書館は発展していく」「われわれが主権者であるからこそ、利用する権利がある。逆に言うと教育権もそうです。教育権があるから図書館を利用することができる。それにより自分たちの教育力を高めていく」と語っています。

住民参加の図書館建設懇談会

区内三館目の平和台図書館（一九七六年開館）の建設時には、練馬区で初めての住民参加の建設懇談会が設けられ、図書館建設に住民の声が取り入れられました。その建設懇談会に委員として参加した、ねりま地域文庫読書サークル連絡会初代代表の阿部雪枝は、「この図書館づくりに宿願の住民参加をともかく実現させたこと、その結果として住民の学習権保障の図書館理念の確立、幼児から老人に至るまで身障者を含め住民の誰でもが気楽に使える図書館ができたことに大きな喜びと意義を感じている」と述べています（『地域文庫・その広がりと深まり』ねりま地域文庫読書サークル連絡会発行、一九七七年）。

それ以降練馬区では、一二館目の南田中図書館（二〇〇九年開館）までずっと住民参加の建設懇談会が続いています。

これからの図書館

自由で平和な社会を築くには一人ひとりが自分の頭で考え、他の人と対話し、お互いの違いを認め、さらに考え行動することが大切だと思います。これは対話的研究会で学んだことでもあります。その一人ひとりが考えることを支えてくれるのが図書館です。今まで積み重ねてきた人類の知恵が、図書館には図書資料や電子情報として整理されていて、それを私たちは手に入れることができるのです。また図書館は、いろいろな立場や意見の違う人が集まって、安心して意見を述べ合い学び合う場となり得ると思います。

すべての住民が安心して当たり前のように日常的に使える図書館が理想です。すべての住民とは、赤ちゃんからお年寄りまで、身体的障害ばかりでなく、発達障害のある人、母語が日本語でなかったり、情報格差のある人なども含まれます。図書館はまだまだこれから変化し成長を続けます。そしてその図書館を育てるのは住民（利用者）である私たちなのだと思います。

（たくら・きょうこ）

今一度　響き合うために

林　敦子

言葉・会話そして対話への記憶

東京世田谷の経堂で生まれた私は、一九五〇年馬事公苑近くの小学校に入学しました。教室不足から二部学級（午前と午後を分けての登校）でした。担任の先生の鹿児島弁がわからず、戸惑いながらも黒板を凝視し一生懸命でした。その担任がレッドパージを受け、母たちが復職の運動を始めました。パージの不当性を訴えながら、生活費を得るために先生が作成した紙芝居は、童話の敗者たちの復活のお話しでした。カメに負けたウサギのその後、焼けウサギの月での生活、サルカニ合戦のサルの反省……。通じなかった鹿児島弁が心地良く伝わり、大好きな先生となりました。

小学三年生の時、祖父の逝去にともない、埼玉県行田市の小学校に転校することになりました。自分のことを「わたし」という転校したばかりの私を強引に朝礼台に乗せ、全校生徒を前にして「皆さん、敦子さんのように『わたし』と言いましょうね」と校長が言う。なぜ新しい友だちが使う「あたい」が悪いのか不思議でありとても恥ずかしく思いました。

高校生になった私は、フランスの詩人ルイ・アラゴンに憧れ、その詩の一節、「もう一度行けと

いうなら　わたしはまたこの道を行こう」。そんな人生を選択したいと、「六〇年日米安保闘争」の隊列の中にいました。空高く発する力強いシュプレヒコールが「きっと社会は変わる、変えるのは私たち」という確信となって心に染み渡り、歴史や社会の出来事を自らの生き方とともに考える転機となりました。

響く言葉

社会人となって、保育所・職場・自宅との間を独楽鼠のように走り回りながら、理不尽な社会の仕組みへの憤りを歌声にこめていました。「人間を返せ」「沖縄を返せ」「平和を守れ！」と声を揃えながら、組んだスクラムの温かさを、今でも忘れません。

転職とともに、月刊誌の発行に追われながら、価値観・世界観、政治への関わりなど、立場や意見の違い、時には激しい対立も経験しました。時間を見つけ、討論を重ねながら、互いの考え方に理解を深め方向性を探しあてた時の大きな喜びが、私に聴くこと、考えること、そして、自分の考えを言葉にすること、対話がもつ大きな魅力を教えてくれました。

一九九〇年頃だったと思います。作家の住井すゑさんにお会いする機会がありました。社会構造の変革こそ至上命題とまくし立てた私に「社会の仕組みを変えることは大切ね。それを維持し発展させる人間が変わることも大事……」と、さりげなく語られたその言葉の意味の深さを、『自己変革と社会変革は車の両輪』と当時はやっていた言葉に準え、私は、自らの生き方の指針としたつもりでいました。

この時代は、働く喜び、未来を信じる多くの友との語らい、魅力的な先人からいただく宝物のような知恵……。三〇年経った今も、光輝いています。

汚染される感性

新しい世紀を迎えた頃から、溢れるほどの言葉を耳にしながら心に残らない。著名な方々の講演を聴いても示唆に富んだ言葉が素通りする。なぜか、違う価値観、異なった政治路線の人と意見を交わすということが面倒になり、違いを受け入れる寛容性を失っていく、そんな自分に戸惑いながら、なかなか立ち直る機会を見いだせません。本来なら、多様な生き方や価値観を許容する大きな器をもってしかるべき年齢に到達しながら、自ら指針としていた言葉を思い起こすこともなく、小さな苛立ちに「対話」どころか「会話」まで閉ざしてしまうのです。

日本社会の腐敗と言葉の劣化が凄ましい勢いで進行していくなかで、この国の民主主義の質はますます低下し、政治家たちの発する「言葉」からは、本来求められている「意味」すら伝わってきません。それは、身近な人間関係にも見ることがあります。職場や地域のなかで何かを決めるのに、問題の根源になかなかふれず、議論の輪がだんだん狭くなり、結論のみを急ぐことがあります。置き去りにされるのは、「心」です。「対話」の危機は「心」の危機かもしれないと、そう感じ始めていました。

そんな折り、芥川賞を受賞した一九八〇年生まれの石沢麻依さんの「沈黙もまたひとつの言葉」と題するエッセイを新聞で見つけました。彼女は、「沈黙が熟した時にこそ、言葉の形が現れる。

その時の言葉を待つべき」というのです。まさに、私に一番欠けていた「対話の極意」が指摘されていました。

今一度響かせたい

もう一度、構築しなおしたいのです。人と人がつながることの大切さを……。

コロナ禍という未経験のパンデミックが押し寄せる中、私は、連れ合いの癌との闘いの伴走を決意（三週間という想像絶する短さでしたが……）し、大好きだった仕事から離れ、居住地域で新しい人間関係の中での生活を始めました。多少の戸惑いと抵抗感に悩みましたが、塀に咲く「バラの花」や、出窓から覗く「飼い猫」が地域の人たちとの会話のきっかけを作ってくれます。そしてヨガ教室や生協の店先、図書館、公園も立派な出会いの場となります。かつてある市議会議員の友人が、口癖のように「路地裏に民主主義の風を吹かせるの！」と呟いていたことが走馬灯のごとくよみがえってきます。路地裏の民主主義をはぐくむ豊かな土壌を掘り起こすためにも、人と人の輪が少しでも広がるように願っています。

「対話的研究会」への参加は、そんな私に沢山の気づきと感動を、そして、チクリと自己反省というお土産を必ず持ち帰らせてくれます。時には私自身も拙い報告者の役目を担いながら嬉々として参加しています。

まるで戦争前夜のように軍事力の拡大を、それも国民への説明も同意もなく推し進めようとしている権力者の動きに、私たちは、大きく目を見開き、不条理に満ち満ちた政治状況に対し、何故？

と深く問い、そして考え、他者との対話を積み上げながら問題解決の方策を見つけ出し、行動を起こさねばならないのだと思います。

「炭鉱のカナリア」が、いち早く炭鉱内の危機を察知したように、私たちは、今こそ、民主主義の危機に警鐘を鳴らす「対話のカナリア」にならねばと思うのです。

お互いの心に響き合う、自分の言葉を武器に……。

（はやし・あつこ）

立憲民主党との合流論議で考えたこと

狩野　忠志

「政府の行為によって再び戦争の惨禍が起こることのないやうにすることを決意し」、日本国憲法を確定する根拠として書かれたこの前文は誰もが一度は目にしたことがある表現だと思います。生き方の希望や根拠をこの平和憲法の中に見いだした方は多かったのではないでしょうか。私も大学卒業後、社会に入るにあたって指針になるものとして考え、半世紀以上を憲法と共に過ごしてきました。今のような、憲法の普遍的価値を理解しない社会が出現するとは夢想だにしませんでした。

社民党に入った深い亀裂

「『志を一本にして前に進み、立憲にさらなる経験と蓄積をして信頼が取れる政党に立憲をしていこう』と最後に確認された」、これは立憲民主党に合流する地域組織を立ち上げた、ある社民党総支部の機関紙の表現です。社民党員が社民党員として立憲民主党を改革するというのは、とても考えさせられます。そして二〇二三年の自治体選挙でこの組織は社民党の旗で立憲民主党の選挙を取り組みました。

合流問題には前史があります。一九九六年、日本社会党から多数の議員が離党し旧民主党を立ち上げました。その提起した問題は憲法をどうするか、論憲つまり憲法を変える議論に踏み込むことです。「憲法に合わせて現実を変える」のではなく、「憲法を現実に合わせて変える」、つまり改悪をめざす体制側の土俵にのる動きです。この旧民主党の動きは土井たか子さん、村山富市さんを新党に入れないこと。「山を動かす」ことを成し遂げたリーダーたちを排除したのです。

立憲民主党の呼びかけに応えた党内論議は党の解散をめざす動きになり、二〇二〇年一一月一四日、臨時全国大会は「立憲民主党と合流することも、また社民党として存続することも理解する」という、理解しがたい方針を決めました。

問われるのは何か

自民党は憲法を変えることを結党以来の目標にしています。表現はその時々で変化しますが「押し付けられた憲法ではなく自前の憲法に変える」というのは、一貫した主張です。しかしながら、たとえば安倍政権が露骨な改憲策動を重ねた際、国民の側から強烈に反発する声が上がるなど、今も平和憲法を守る国民的基盤があります。それはなぜか、社民党員なら最も考えるべきこと。しかし合流論議で耳にした内容は自分たちの生き残りの論議であり、国民の思いに沿うものとはいえず、結局のところ社会に問題提起することにはなりませんでした。

社民党は選挙の度に後退し、国政政党として崖っぷちにあることは確かです。その総括が必要といって選挙制度や得票数をいじくりまわしての議論で済ませてはなりません。また組織的な労働者の運動が後退してきたのは事実ですが、それで社民党が後退したのか、疑問があります。

立憲民主党は社会民主主義を日本の政治に根づかせる問題意識をもつ政党ではなく、日本社会党の党是の憲法擁護の流れの中にある存在でもありません。むしろ二〇二一年の通常国会終盤の国民投票法案の審議では、自民党と文書を取り交わし問題点を残したまま法案を成立させました。憲法を変える前提になる国民投票法の欠陥は多数あります。それを権力側に譲歩させる手立てがあるのでしょうか。立憲民主党は憲法に関し日本社会党・社民党とは異なる視点をもつ政党で、これからも動揺し続けます。そして決定的なのは意思決定がトップダウンであること。ボトムアップの合意形成になじんできた社民党員が急に変われるのは不思議なことです。土井たか子さんは「ダメなものはダメ」と言い切って闘いましたが、その強固な思いこそ社会を動かす言動になりえるのです。

「戦争体制の国家」と考える理由

今、新自由主義の経済政策によって先進資本主義諸国が出口のない状況に立ち至っています。コロナ禍の中でこの行き詰まりは一層、顕著になっています。日本も、その例外ではありません。国民を分断し階層間の対立を煽る方策が社会の隅々までいきわたり、混乱が深刻化する一方、酷いと思うのはコミュニティが壊されて「今だけ、カネだけ、自分だけ」といった風潮を蔓延させていることですが、「万人の万人に対する闘い」の社会では、勤労国民にとって厳しい暮らしの状況から抜け出せる見通しが立ちません。それは資本主義の幕が降りる時期が来ていることを意味しています。

延命策が尽きる前に何が始まるのか。そこで考えられるのが戦争です。過剰生産傾向を本質とするのが資本主義なので、戦争は矛盾解決の強力な手段になります。そして戦争準備は日本でも進行しています。安倍政権下で戦前回帰の法制が次から次へと作られました。二〇一三年、国家安全保障会議設置法が成立し戦前の大本営にあたる機能をもつことになりました。同年一二月、特定秘密保護法を強行成立させましたが、これは戦前の軍機保護法を想起させます。同法は戦争準備の中で不都合な情報を管理し、戦意高揚に国民意識を扇動した法律でした。翌年、集団的自衛権の行使を閣議決定、二〇一五年九月に「安全保障法制」、戦争法が成立したのです。

その後も二〇一六年、盗聴捜査を拡大させる刑事訴訟法を改正、翌年五月に共謀罪法案（テロ等組織犯罪準備罪を謳っているが、犯罪構成要件が曖昧なため心の中まで監視することができる現代版治安維持法）、二〇二一年の重要土地利用規制法、二〇二二年の経済安保法と、戦争体制を整える法案が強行に成立させられました。国民総動員、相互監視のシステムが築かれ、抗う市民や団体が弾圧される暗黒社会が目前に大きな口を開いていると言わなければなりません。

これからの役割こそ重大

「戦争が廊下の奥に立ってゐた」（渡辺白泉）、憲法擁護運動を党是として歩んできた日本社会党・社民党ならば、戦争の影をみとめて国民に警鐘を乱打しなければならない、今こそ、その時期なのです。岸田政権が策す防衛予算倍増の軍拡策動に歯止めをかけ、野党共闘の軸になって大道団結の道を切り開かなければなりません。戦後の世界史を振り返るなら戦争のタネを世界中にばら撒いてきたのはアメリカであり、その国の経済は戦争を内実化しています。他国の紛争を自国の経済発展の基盤にする、そのような国に日本が戦後、長期にわたって抱きかかえられてきたのです。

今、琉球弧に自衛隊基地が次から次へと作られ、中国本土まで射程にいれた戦争体制が構築されていっています。アメリカ軍の統括下で自衛隊員が前面に立つ状態になり、台湾海峡での軍事衝突の危険が宣伝されて、沖縄県民がその中でどのような不安を感じているか、日本国内の状態は他人事にとらえるよう世論操作されているとしか思えません。耳をすませて平和を求める世界中の声を聞き、権力者が意図しても国民の支持しない戦争はできないことを確信して進むのが私たちの立場です。党派を超えて反戦平和の道を探らなければなりません。社民党の存在意義は微塵も揺らがないのです。

（かりの・ただし）

たいわ・たいへん・たからもの
――弟との「対話不成立」から見えてきたこと

山川　美代子

「対話」、何と穏やかで平和的な響きを、もつ言葉でしょう。郷里の病院で母が亡くなって二年が経った今も、心を痛めていることがあります。母は転倒して大腿骨頸部骨折をし、その手術を受けた際のミスにより、多量の出血で心停止をしました。そして、弟の判断で延命治療が進められ、色々なチューブにつながれ植物のような状態で四年余りの入院生活を送り、寿命の終わりを迎えたのです。

母の入院生活が続く中、私は、長期療養型病院から入浴や外気浴などのケアを受けられる介護施設へ転院させるという提案を、弟にしたのです。すると「それなら東京に連れて行けば！」とにべもなく断られました。弟と私は話し合いのできる関係ではなくなっていたのです。母の介護や看取りなど、家族として共通の課題について、弟と対話ができないまま、母を旅立たせてしまいました。寂しく残念なことでした。

弟のこと

三歳年下の弟とは、他愛ないことから喧嘩をして悔しい思いをした子ども時代でした。弟は体格が良く健康優良児で表彰され、運動もでき、成績も優秀で両親の自慢の息子でした。保守的な東北過疎の田舎町である故郷の地は、男尊女卑の風潮が強いところです。親戚をはじめ周囲の大人たちは、家を継ぐ長男として大切に育てました。そのような弟を、私は妬ましく思い育ちました。

四年間、進学のために東京で親元から離れて暮らした弟は、卒業後、地元に帰り公務員になるのを望んでいたのですが、オイルショックという社会の波を受け求人がなく、就職ができなかったこともあり、家業を両親と一緒にすることになりました。

私は、社交的ではない弟に家業の商売は合わないと気がかりでしたが、両親は大変喜んでいました。結婚をして家族をつくり、家業も活気づき繁栄していった様子に、弟の頑張りと、家を出た私は感謝していました。しかし、両親が年老いていくなか、一人で家業を続けていくのは重荷だったのかもしれません。

また、過疎地域での自営業の営みは社会的なコミュニティとのつながりが少なく、考え方も独りよがりになりがちです。弟にとって、日々の疲れや困難など、さまざまなストレスから解放され癒されるのが、晩酌だったようです。次第に、飲酒によって感情のコントロールができなくなっていきました。家族も皆、家庭内でのことだからと目をつぶっていたのです。それを、母を見舞うため度々帰省するようになって初めて、私は知りました。両親がいなくなってからはますますそれが酷くなり、飲酒すると日頃のうっぷんから、言葉での暴力を繰り返すのです。それは、家人へ、そして自分への甘えだと思います。弟の言葉は何のためにあるのか、自分をどのように理解してほしいのか、私にはわかりません。和やかな雰囲気の中で会話を交わしたことも、かつてはあったのです。

私の想い

同じ親をもち血がつながっていても「きょうだいは他人の始まり」と言われます。暴言で人を傷つける悪癖、自分の基準を物差しとして他人の性格や行動を批判する傲慢さ、そして偏見に、弟自らが気づき、改善するよう努め、和やかに話せるようになることを願います。けれど、人間関係は双方の努力があって成り立つものです。私も多少のことにも動じない寛容な気持ちで話を聞き、自分が伝えたいことを冷静に丁寧に根気よく話すよう努めたいと思います。母からよく言われた「たった二人の姉弟なのだから仲良くしなさいよ」という言葉を思い出し、他人とならないように頑張ってみようと思います。

そのように努めることが、家庭や姉弟という小さなコミュニティから、他人も含めたより大きな社会との対話の、私なりの学びになるように思います。

言葉は、人間のもつ伝達手段です。心のある言葉で対話し、わかり合えるよう努め、穏やかで信じ合える関係を、弟そして、私のもつコミュニティの人々と作り、人間性を高めていきたいと望んでいます。

（やまかわ・みよこ）

おじぃ、おばぁと沖縄の少年・少女たち——対話が生み出す認識力・表現力

吉原　功

二〇一七年九月、沖縄読谷村で衝撃的な事件が起きた。沖縄戦の悲劇を物語る象徴の一つ、チビチリガマが荒らされたのだ。一九四五年四月一日、米軍は読谷の海岸から上陸し、沖縄本島における凄惨な地上戦が開始される。チビチリガマの悲劇はその翌日、四月二日に起こった。

一四〇名強の波平部落民が避難したこの自然壕に米兵がやってきて、「デテコイ、デテコイ」。壕の中は大混乱になった。チビチリガマの「集団自決」を初めて調査し世に知らしめた作家下嶋哲朗さんはその様子の一部を、名著『チビチリガマの集団自決』（凱風社、二〇〇〇年）の冒頭で次のように記している。

「上地小（屋号）のお母は、包丁で……」「目の見えない平吉がよう、お母に馬乗りにされてよ、包丁で……」「看護婦がよお、毒を注射してえ、死なすさあ……」「若い女の人たち、子どもたちがよお、天皇陛下、バンザイ！　バンザイ！　って叫んで……」

犠牲者は八二名とも八五名とも言われる。戦力となる男性はほぼ全員徴兵徴募されていて、壕の中には高齢者、女性、子どもしかいない。そこで母親が子どもを、老父母を殺めるという悲劇と

なった。生存者たちは戦後、この惨劇を決して口にすることはなかった。隣近所の若い女性たちによるこのような「愛国的」行為をどうして話すことができよう。

平和のために真実を、と説得し「戦争の真実」を綿密な調査によって明らかにしたのは、部落の青年リーダーだった知花昌一さんでありその協力を得た下嶋さんだった。一九八〇年代のことである。チビチリガマは整理され生存者、遺族たちは村内の彫刻家金城実さんの指導の下、「世代を結ぶ平和の像」を共同で制作、壕の入口右手に設置した。ロダンの「地獄門」を思わせる威容である。ところがわずか半年後、右翼によって像は破壊され壕内も破壊された。遺族たちは「犠牲者たちが二度殺された」と悲憤慷慨したが、修復・再建に取り組んだ。今回もまたこの像が傷つけられた。

二〇一七年九月の事件は、また右翼の仕業？　と私も思い、多くの取材陣もそう考えたと聞いた。しかし程なくして犯人は、沖縄県内の一六歳から一九歳の少年四名と判明、新たな、性質の異なる問題を提起することになった。

実をいうと読谷村には世紀をはさんで、私は随分お世話になっている。山内徳信村長の強力でユニークなリーダーシップの下、村内の米軍基地返還を実現させた村民の力は何であろうと長い間、調査に伺ったのである。そのこともあって少年逮捕後の経緯が気になっていたところ、ＴＢＳ「News 23」（二〇一八年六月二二日放送）で「チビチリガマ事件と少年——最大の悲劇を語り継ぐ」という素晴らしいドキュメントに接することができた。

遺品や折り鶴などを破壊した少年たちの認識が、ガマの歴史を知らず「心霊スポット」程度の認識だったと説明したあと、番組は平和学習に来た高校生の声を紹介。「チビチリガマは初めて」「集団自決とか本当にあるのかなと思っていました」。生存者の上原豊子（八二）さんは、「昔は昔、今は今、こんなですよ、今の若い人たちは」と歴史を伝えることの難しさを述べる。

少年たちの更生プログラムに協力する金城実（七九）さんは、当初は怒りが先に立ったが、次第に少年たちだけの問題ではないと思い直す。「知らない」というのは「平和学習にはねかえってくる」と考えた金城さんは、遺族会と相談し、少年たちにチビチリガマの歴史を教えながら、一緒に、野仏を三日間かけて作る活動をした。「（少年たちは罪の意識を）一生背負っていくだろう。重たい」「野仏を作ることによってちょっと軽くなる」「野仏が君たちの謝罪、申し訳ないという気分を背負っていくだろう」。番組にはないが、金城さんは、少年四人の保護司も引き受けているという。その後押しをしたのが遺族会会長の與那覇徳雄さんだ。

二〇一八年六月、遺族たちと少年の面談があり、少年たちが提出したレポートが映しだされた。

「那覇保護観察所三〇・五・三一」との印が押されている。

「今回、僕は仏像作りなどをして、とても大変なことをしたなと後悔しました。たくさんの人が戦争で亡くなった　それを平気で石など投げて仏像様を壊したりして本当に反省しました」「たくさんのことを考え、いろんなことを学ぶことができ、今回やってしまったことがどれだけひどいことかがわかりました。みなさんに謝罪の言葉でいっぱいです。これからは慰霊の日など気にかけて生きたいと思います」「いろいろな人から話を聞いてことの重大さに気づかされた。毎年六月には、チビチリガマで手を合わせていきたいと思いました」などなど。

遺族会会長の與那覇さんは一人の少年の目に涙が浮かんでいるのを確認し、更生プログラムが

「心に響いて」いると手応えを感じていると述べ、上原さんは、「少年たちを許すことができますか？」との問いに「これはチャンスですよ、この事件が起こらなければ、この子どもたちにはチビチリガマの存在もわからん、戦争がどうだったかもわからん」と、今回の事件が、次の世代に沖縄戦が語り継がれるきっかけになってほしいと期待を語った。

平和学習に来た高校生の次の声でドキュメントは終わる。

「このガマを大切にしていって、おじぃなんかの話を、自分がしっかり話していけたらいいなと思っています」（男子生徒）。「おばあちゃんと一緒に住んでいるので、おばあちゃんとかからも話を聞いたりして、甥っ子とかにも話してあげたいと思いました」（女子生徒）。

事件は大きな衝撃だったが、その後、ガマを訪れる人が増えたこと、今年七三年経って初めてガマに訪れた生存者の方もいたことが紹介され、「この出来事は、歴史を語り継ぐことの困難さと大切さを、沖縄の人々だけでなく日本中の人々に突きつけていると思います」とのコメントで、約八分のコーナーが終わった。遺族会会長與那覇さんと金城さんの夢は、少年たちの結婚式に出ることだという。

翌六月二三日、沖縄は七三回目の「慰霊の日」を迎えた。

翁長雄志知事は、就任以来四年連続で普天間基地の辺野古への移設に反対し阻止する姿勢を表明した。一方、安倍首相は「基地負担を減らすため一つひとつ確実に結果を出していく決意であります」と述べた。高江のヘリパッド完成、さらに辺野古基地新設のための護岸工事を強行し、八月一七日には埋め立てを開始するとしている最高責任者の言葉に沖縄の人々は鼻白む思いだろう。地元紙の過去四年間の調査で、辺野古への移設賛成は最大でも一八％、反対派は常に七割を超えているのだ。

知事の「平和宣言」、首相のあいさつの前に、中学三年の相良倫子さんが、自作の詩「生きる」を力強く朗読した。沖縄を起点に、地球規模の視点をもち、過去、現在、未来をつなぐこの見事な詩に感動したのは私だけではないだろう。

※琉球新報のウェブサイトで全文（原文のまま、沖縄県平和祈念資料館提供）が読める
（二〇二三年二月現在）

沖縄の少年少女の社会認識、自己表現能力には驚かされることが多い。読谷高校では六・二三を前にして毎年「特設授業」と呼ぶ文化祭が開かれる。そこにおける詩、創作ダンス、演劇もそうだった。これらはすべて、沖縄戦を体験したおじぃ、おばぁとの対話から生まれている。

思えばチビチリガマを荒らしてしまった少年たちに光がさしてきたのも、遺族の方々、金城さん、與那覇さんたちとの対話の賜物と言えるだろう。彼らの「犯行」の背景に、沖縄における若者の貧困があるかもしれないと示唆したのは元シールズの元山仁士郎君だ。少年たちは無職、「枠方解体工」、高校休学中などだったという。読谷村のおじぃ、おばぁは、貧困によって対話の機会を奪われていた少年たちのこころに「人間の本質」を響かせたのだろう。元山君は今、大学院を休学して郷里沖縄に戻り「新基地反対県民投票」運動に全力で取り組んでいる。彼もまた日々あらたな仲間を増やしながら濃密な「対話」を展開している。（二〇一八年九月）

＊＊＊

以上の文章を書いてから四年が経った。沖縄はますます苦しめられている。高江、辺野古に加え、南西諸島に自衛隊基地の建設が進み日米共用のミサイル基地にされようとしている。これまで緊密な人間関係を営んできた地域社会も賛成する人々、反対する人々、反対だけれども職場などの圧力で表面上容認の態度を取らざるを得ない人々などに分断されている。国家によって対話不能な社会がつくられているのだ。

暉峻淑子さんが指摘されているように、対話は「人間の本性にもっとも添ったコミュニケーションの手段」であり「人間と人間の間をつなぎ交流させ、個人を成長・発展させる場」であり「民主主義の培養土」である。チビチリガマ事件の少年たちと読谷村の人々のエピソードは、そのことを如実に物語っている。人間関係が希薄になりがちな大都会の生活では「対話」を意識的に復活させ、活発化させねばならない。それを実感させてくれたのが「対話的研究会」だった。さまざまな職場で働く人、いろいろな市民運動で活動する人、家庭の外にあまり出る機会のない人などが自発的に集い、経験を報告し、対話をする、これぞ大都会の住人、いや現代社会の生活には必要だった。「対話的研究会」がなんの強制力もなく長続きしているのは、そこに集うことで人間性が発揚しているという実感をそれぞれが感じているからであろう。願わくばこのような「対話」が各地に生まれ、国家が沖縄に課しているような苦しみを許さないような社会にしていきたいものだ。（二〇二一年一一月）

（よしはら・いさお）

研究会で発表されたテーマ一覧

研究会で発表されたテーマ一覧

		タイトル	会場
●二〇一〇年			
1	六月二〇日	私たちの町を私たちの手に 区民にとっての新しい公共とは何か	石神井庁舎
2	七月一日	初会合・自己紹介等	豊玉リサイクル
3	八月五日	公と区民	豊玉リサイクル
4	九月二日	協同組合と私——協同組合的公共	豊玉リサイクル
5	一〇月六日	町会の歴史と現在	勤労福祉会館
6	一一月四日	新しい公共学習会	勤労福祉会館
7	一二月一日	学校施設の利用と図書館	勤労福祉会館
●二〇一一年			
8	一月六日	かわさき市民アカデミーについて（市民大学と公共）	勤労福祉会館
9	二月三日	10年間の白子川活動で見えてきたこと	勤労福祉会館
10	三月三日	関越高架下利用の報告と問題点	勤労福祉会館
11	四月七日	重度知的障害者ケア・ハウス「めぶきの家」の運営を通して見えてきたこと	豊玉リサイクル
12	五月一二日	激動の女性史——練馬の女性運動と聞き書き	勤労福祉会館

13	六月二日	私の介護保険10年	勤労福祉会館
14	七月七日	子育て…子育ち…それから	勤労福祉会館
15	九月一日	練馬の母親運動を記録して――	勤労福祉会館
16	一〇月六日	医療の現場では今…(地域の中小病院の立場)	勤労福祉会館
17	一一月三日	男女共同参画と女性センター	勤労福祉会館
18	一二月一日	白子川にアユのくる日	勤労福祉会館
●二〇一二年			
19	一月五日	原発問題をどうするか	勤労福祉会館
20	二月二日	3・11東日本大震災を経験した私たちの今後の生き方	勤労福祉会館
21	三月一日	花一会　虫一会/高架下の施設計画	勤労福祉会館
22	四月五日	持続可能な社会を目指すスウェーデンで出会った人々	勤労福祉会館
23	五月一日	「樹木葬」から見えてくるもの――檀家制度と里山の荒廃	勤労福祉会館
24	六月七日	議員生活を振りかえって	勤労福祉会館
25	七月五日	近代日本の天皇(女性宮家問題を契機に近代皇室を考える)	勤労福祉会館
26	九月六日	子どもの施設を知り考える	勤労福祉会館
27	一〇月四日	昭和天皇の戦前・戦中・戦後	東大泉中央地域集会所
28	一一月一日	進む個人社会の中で社会的なつながりを作る	勤労福祉会館
29	一二月六日	学校で学ぶということ	東大泉中央地域集会所

●二〇一三年

30	一月一日	江戸時代農民家族の扶養――親孝行の世界	勤労福祉会館
31	二月七日	福島県いわき市の被災地見学と援農ボランティア	勤労福祉会館
32	三月七日	安全、安心と高齢者――地域の中で	勤労福祉会館
33	四月四日	ベネズエラ、エル・システマの人間形成力 「福島の高校生との音楽交流から見えてきたもの」	勤労福祉会館
34	五月九日	市民を育てる教育の源流――京都人文学園がめざしたもの	豊玉リサイクル
35	六月六日	憲法審査会の傍聴から見えてくるもの	豊玉リサイクル
36	七月四日	参議院選挙を目前にして考えること（第1回　拡大講演会）	勤労福祉会館
37	九月五日	練馬区議会と行政の改革はなぜ進まないのか	勤労福祉会館
38	一〇月三日	学校は今	勤労福祉会館
39	一一月七日	悪徳商法について	勤労福祉会館
40	一二月五日	我が家の太陽光発電機設置から、市民参加の地域エネルギーへ	勤労福祉会館

●二〇一四年

41	一月九日	フィンランドってどんな国？	勤労福祉会館
42	二月六日	べてるの家とは？　障害者自身による障害の研究	勤労福祉会館
43	三月六日	銀行は社会的責任を果たしているか？	勤労福祉会館
44	四月三日	むかし　みんな　ふつう	勤労福祉会館

45	五月八日	秘密法は戦争を招く（第2回　拡大講演会）	勤労福祉会館
46	六月五日	介護事業との出会い	勤労福祉会館
47	七月三日	地球温暖化問題を考える	勤労福祉会館
48	九月四日	外環の２（外環本線地上部道路）を考える	勤労福祉会館
49	一〇月二日	特別支援教育の現状　養護学校から特別支援学校へ	勤労福祉会館
50	一一月六日	練馬区議会と行政の改革はなぜ進まないのか	勤労福祉会館
51	一二月四日	核燃料サイクルと高レベル放射性廃棄物を考える	勤労福祉会館
●二〇一五年			
52	一月八日	道徳教育は何を求めているのだろうか	勤労福祉会館
53	三月五日	インフレで私たちの生活はどうなる?	勤労福祉会館
54	四月二日	社会のなかで学ぶこと――社会教育という視点	勤労福祉会館
55	五月七日	18歳選挙権を考える	勤労福祉会館
56	六月四日	日本の税金問題を解明する（第3回　拡大講演会）	勤労福祉会館
57	七月二日	早稲田大学中野国際学生寮の概要と問題点 そして防災管理について	勤労福祉会館
58	九月三日	民主主義ってなんだ	勤労福祉会館
59	一〇月一日	困窮者の実情	勤労福祉会館
60	一一月五日	認知症	勤労福祉会館

61	一二月三日	「足下の民主主義」――練馬区の行政に民主主義はあるのか？　私の社会問題への目覚め	勤労福祉会館
●二〇一六年			
62	一月七日	「ＪＣＪ（日本ジャーナリスト会議）全国交流集会沖縄平和の旅に参加して」	勤労福祉会館
63	二月四日	韓国・ソウル特別市のまちづくりと市民活動――社会イノベーション会議２０１５に参加して見たこと・感じたこと	勤労福祉会館
64	三月三日	世論調査について考える	勤労福祉会館
65	四月七日	参議院選挙を前にして私たちが考えることできること	勤労福祉会館
66	五月五日	参議院選を迎えるに当たって、これだけは周囲の人に知らせよう	勤労福祉会館
67	六月七日	参議院選挙を目前にして考えること（第４回　拡大講演会）	石神井公園区民交流センター
68	七月七日	戦争法を廃止し、改憲を許さないために	勤労福祉会館
69	九月一日	主権者教育と政治的中立性	勤労福祉会館
70	一〇月六日	希望を見失わないために	勤労福祉会館
71	一一月一日	癌は身近なもの	勤労福祉会館
72	一二月一日	２０２５年の社会保障の見通しと健全化への対策は	勤労福祉会館

●二〇一七年

73	一月五日	２０１７年の年頭に考える	勤労福祉会館
74	二月二日	地域の視点から介護保険制度を見つめなおす——漂流するかいご保険制度	勤労福祉会館
75	三月二日	天皇生前退位をめぐって——憲法と皇室典範と未来	勤労福祉会館
76	四月六日	憲法審査会の傍聴から見えてくるもの	勤労福祉会館
77	五月四日	２０２５年の東京を見据えて現状課題にどう向きあうか	勤労福祉会館
78	六月一日	森友学園問題から見えてくる事（第５回　拡大講演会）	勤労福祉会館
79	七月六日	母を通してみる昭和の女性史	勤労福祉会館
80	九月七日	なぜ、いま、教育勅語!?	勤労福祉会館
81	一〇月五日	幸せの国ブータンの人々の暮らし	勤労福祉会館
82	一一月二日	司法への市民参加と民主主義	勤労福祉会館
83	一二月七日	自然と対話していますか	勤労福祉会館

●二〇一八年

84	一月一一日	安保法制違憲訴訟と憲法改正	勤労福祉会館
85	二月一日	区議選と住民と地方自治	勤労福祉会館
86	三月一日	知的障害児施設・近江学園と保母（女性職員）の生活	勤労福祉会館
87	四月五日	裁判員裁判——経験してみてわかったこと	勤労福祉会館

88	五月一日	日本の男女格差はなぜ是正されないのか？	勤労福祉会館
89	六月七日	病気をして思ったこと	勤労福祉会館
90	七月五日	私の日本社会党論	勤労福祉会館
91	九月六日	「財産の相続」と「心の想続」	勤労福祉会館
92	一〇月四日	町会って必要？	勤労福祉会館
93	一一月一日	安倍政権の高い支持率にどう向きあっていくか〈政治的リアリズムの思考法と感覚を磨く〉	勤労福祉会館
94	一二月六日	「おまえみたいな奴も必要なんだよ」――43年の教員生活をふりかえって	勤労福祉会館
●二〇一九年			
95	一月一日	『明治150年の沖縄』――いつまで続く琉球処分	勤労福祉会館
96	二月七日	チベットを訪ねて	勤労福祉会館
97	三月七日	「働き方改革」について	勤労福祉会館
98	四月四日	「出版」にふれる	勤労福祉会館
99	五月九日	弱さをつながりの潤滑油に	勤労福祉会館
100	六月六日	市民が変える、政治とくらし――みんなで止めよう！ 戦争できる国づくり（第6回　拡大講演会）	勤労福祉会館

101	七月四日	練馬区の図書館のいままでとこれから——私たちは図書館に何を望むのか	勤労福祉会館
102	九月五日	もうひとつの戦渦——ブラジルにおける『シンドウレンメイ事件』	勤労福祉会館
103	一〇月三日	新しい民主主義とは——みんなで考えるこれからの未来	勤労福祉会館
104	一一月七日	移民研究と移民となって——個人的見解	勤労福祉会館
105	一二月五日	子供たちの社会的養護——子供たちを通してみる日本社会の行方	勤労福祉会館
●二〇二〇年			
106	一月九日	承認欲求と社会的・公的承認の相反を考える	勤労福祉会館
107	二月八日	地方財政のあり方を考える	勤労福祉会館
108	六月四日	地域グループ・うつ病の家族会「北風と太陽」に係わって	勤労福祉会館
109	七月二日	「関越道高架下施設建設問題」10年闘争を振り返って	勤労福祉会館
110	八月六日	故人を想い　感じた事・考えたこと・学んだ事	勤労福祉会館
111	九月一二日	生老病死と介護を語る（第7回　拡大講演会）	勤労福祉会館
112	一〇月一日	コロナ後の社会について考える	勤労福祉会館
113	一一月五日	あれから10年　ふるさと　福島いわき——いわき市三和町 OJONCO 館	勤労福祉会館

114	一二月三日	今年一年を振り返って	勤労福祉会館
●二〇二一年			
	一月七日	（緊急事態宣言により中止）	
115	二月四日	ゆとり世代から見た今の社会	勤労福祉会館
	三月四日	「対話的研究会」出版企画の意見交換会	勤労福祉会館
116	四月一日	日常化する（？）嘘と疑惑	勤労福祉会館
117	五月二日	「対話、民主主義、対話的研究会」	勤労福祉会館
118	六月三日	メディアの中のジェンダー平等	勤労福祉会館
119	七月一日	裁判官の市民的自由を通して司法のあり方を考える〈記録映画「日独裁判官物語」の制作に関わって〉	勤労福祉会館
	八月～九月	休会（コロナ蔓延により）	
120	一月七日	コロナパンデミックと公共サービスの民営化（第8回　拡大講演会）	勤労福祉会館
121	一一月四日	衆議院選挙を振り返って	勤労福祉会館
122	一二月二日	これからどうするか	勤労福祉会館
●二〇二二年			
	一月六日	休会（大雪により）	
123	二月三日	ゆとり世代から見た今の社会	勤労福祉会館

124	三月三日	日本語教育の現状と流れ――言語政策的な視点から	東大泉中央地域集会所
125	四月七日	この方法で私の脳は活性化されるでしょうか？	勤労福祉会館
126	五月一二日	「メディアの中のジェンダー平等」を対話的研究会で発表してみて	勤労福祉会館
127	六月二日	ウクライナの戦争と平和憲法について考える（第９回　拡大講演会）	勤労福祉会館
128	七月七日	第26回参議院選を前にして、いまやるべきこととは！	勤労福祉会館
129	九月一日	「秋葉原事件」（加藤智大死刑囚）、「安倍銃撃事件」（山上徹也容疑者）について考える	勤労福祉会館
130	一〇月六日	コロナ感染療養記	東大泉中央地域集会所
131	一一月一日	ジェンダーの視点から見た統一教会問題	勤労福祉会館
132	一二月一日	「死刑制度」について考えてみませんか！	勤労福祉会館
●二〇二三年			
133	一月五日	何故試練を乗り越えることが出来たか	勤労福祉会館
134	二月二日	対話的研究会は、なぜ出来たか！　何を目指したか！	勤労福祉会館
135	三月一一日	私たちはどのような転換点に立っているのか『新しい戦前』・憲法そして対話	勤労福祉会館
136	四月六日	終末期の延命介護	勤労福祉会館

137	五月一一日	消費税への疑問	勤労福祉会館
138	六月一一日	公共事業と住民参加	勤労福祉会館
139	七月一日	練馬区議と共に区政・区議会を考える	勤労福祉会館
140	九月七日	12年の議会生活を終えて	勤労福祉会館
141	一〇月五日	障がい者の就労について	勤労福祉会館
142	一一月二日	レポート・沖縄県の辺野古・石垣・與那国をめぐって	勤労福祉会館
143	一二月七日	2023年を振り返る（予定）	勤労福祉会館